Stangl Jede Minute sinnvoll leben

Marie-Luise Stangl

Jede Minute sinnvoll leben

Vertrauen zu sich selbst gewinnen

Ein Econ-Ratgeber

Econ Verlag · Düsseldorf · Wien

Lebenskunst

1. Auflage 1976

Gesetzt aus der 10 Punkt Helvetica der Linotype GmbH
Satz: Otto Gutfreund, Darmstadt
Herstellung: Druckerei Gebr. Rasch & Co., Bramsche
Printed in Germany
ISBN 3 430 187 17 6

Inhalt

Vorwort

»Alles Wissen oder Lernen ist, verglichen mit der Tiefe der Erfahrung, wie ein Tropfen Wasser, der ins Meer fällt.«
Zen-Meister Tokusan Sengan (782–865)

Dieses Buch ist kein Buch des Wissens und Lernens. Es ist ein Buch, das auf den Erfahrungen vieler Menschen und auch auf denen der Autorin basiert, und das Sie dazu anregen will, sich selbst neu zu entdecken.

Bedeutsam ist Ihre tiefe Sehnsucht nach dem ganz anderen, dem Unbekannten in Ihnen selbst; Ihr Bedürfnis nach einem Halt, nach neuer Geborgenheit; Ihr Wunsch, aus den Sachzwängen, aus dem materiellen Menschenverständnis auszubrechen; Ihre Hoffnung, eine Antwort zu finden auf die Fragen dieser Welt, eine Antwort auf die Frage nach dem Sinn des Lebens.

Diese Bereitschaft, sich auf Unbekanntes einzulassen und dadurch neue Erfahrungen zu machen, sollte Ihr Leitfaden für den Gebrauch dieses Buches sein. Es einfach zu lesen, um dann zu wissen, was darin steht, hat wenig Sinn. Es wäre »der Tropfen, der ins Meer fällt«. Warum sollten Sie sich mit einem Tropfen Wissen zufriedengeben, wenn Sie das ganze Meer der Erfahrung haben können?

Die Übungen, die Sie im 2. Teil dieses Buches finden, sind keine Übungen, die sich im Abstrakten, Begrifflichen, Rationalen abspielen. Im Gegenteil, es sind Übungen, die das Wahrnehmen, Empfinden, Erspüren, Erleben, Ertasten, innere Schauen im Mittelpunkt haben. Es sind also Übungen, die den Körper mit einbeziehen und die über ein neues körperliches waches Da-Sein hinführen zu einem bewußteren wacheren

Da-Sein im Seelisch-Geistigen. Diese Wachheit durchdringt schließlich den ganzen Menschen bis hin in jede seiner Poren, ja bis hin in jede seiner Zellen, und sie durchdringt ihn genauso bis hin in jede seiner kleinsten und feinsten Regungen und Empfindungen. Die Ganzheit des Menschen, sein Denken und Fühlen, sein unreflektiertes, unmittelbares Erleben dieser Welt – diese Integration, diese Einheit, dieses ganze Da-Sein ist das Ziel, das Sie mit Hilfe dieses Buches erreichen sollen.

Ein weiteres Übungsziel ist die Verminderung der Angst, der Angst des Menschen vor dem Leben und damit vor dem Tode: seiner Ur-Angst schlechthin, die Not seines menschlichen Daseins. Der Philosoph und Religionswissenschaftler Richard de Martino beschreibt diese zweifache Angst, die eigentlich nur eine ist, nämlich Ur-Angst, so:*

»Der existentielle Ausdruck dieser gefährlichen Lage ist die zweifache Angst des Ego, die Angst vor dem Leben und die Angst vor dem Sterben. Diese beiden Ängste sind nichts weiter als zwei verschiedene Ausdrucksformen für die eine fundamentale Grundangst: die Angst, ob das Ego den quälenden inneren Riß und Widerspruch überwinden kann, der es daran hindert, voll und ganz es selbst zu sein. Die Angst vor dem Leben stammt aus der Notwendigkeit, sich mit diesem Widerspruch abzufinden und ihn zu lösen. Die Angst vor dem Tode kommt daher, daß das Leben möglicherweise enden kann, bevor eine Lösung erzielt wurde.«

Hier wird nun ein Weg aufgezeigt, der aus dieser quälenden inneren Zerrissenheit und Widersprüchlichkeit,

* Erich Fromm, Daisetz Teitaro Suzuki, Richard de Martino: Zen-Buddhismus und Psychoanalyse, Suhrkamp Taschenbuch Nr. 37

aus der Selbst-Entfremdung, aus der Ur-Angst, hinführt zu einem neuen Selbst-Verständnis und damit zu einem neuen Welt-Verständnis, zu einer neuen Geborgenheit, in die der Mensch sich als Ganzes ein-lassen darf. Er lernt, in einer neuen Weise mit sich umzugehen, sich mehr und mehr bewußt zu erleben, Da-Sein zu erspüren im wahrsten Sinn des Wortes. Er lernt, sich zu lassen und wird somit ge-lassen. In dem Maße, wie er dies zu lernen imstande ist, in dem Maße verschwindet seine Angst und Hoffnungslosigkeit, seine Entwurzelung, sein Herausgerissensein aus dem tragenden Grund, seine Einsamkeit. Und in dem Maße erwächst ihm schließlich aus seiner Gelassenheit die Erfahrung eines neuen Getragen-Seins – der Geborgenheit.

Ur-Geborgenheit ist Seins-Erfahrung. Ur-Geborgenheit bedeutet Freisein von der Angst. Wer keine Angst mehr hat, der vertraut. Und wer vertraut, schwingt sich ein in das Große Ganze, das viele Namen haben kann – Gott, Tao, Natur, Universum, Kosmos – und das doch immer das Große Ganze bleibt.

Es muß noch einmal betont werden, daß das Ziel dieses Buches nicht durch reines verstandesmäßiges Begreifen zu erreichen ist. Der Weg, der hier aufgezeigt wird, ist ein Weg der Bewußtwerdung und des Vertrauens. Wer sich seiner selbst – seines totalen Menschseins – immer mehr bewußt wird, und wer sich einläßt in das große Vertrauen, der begibt sich auf den Weg. Den Weg gehen heißt: üben und erfahren. Gehen, üben und erfahren muß jeder selbst in seiner ureigenen Persönlichkeit. Kein anderer kann es für ihn tun.

Nur so wird das Wort des Zen-Meisters Tokusan Sengan voll verständlich: Das bloße Wissen um diese Zusammenhänge ist nur ein Tropfen im Meer, das Erfahren in der Tiefe des Menschen, ist das Erlebnis des Meeres.

Allgemeiner Teil

Von der seelisch-geistigen Krise des Menschen

»Uns traf mehr als ein gewöhnlicher Verlust:
Wir verloren unseren Weg.«
(T. S. Eliot)

Dieser Satz charakterisiert die Situation des Menschen, in der er sich heute befindet:
den Verlust seiner Mitte;
seine Entwurzelung, sein Herausgerissensein aus der Ur-Geborgenheit;
seine Einsamkeit;
seine Ängste, Bedrohungen, Bedrückungen, seine Ur-Angst schlechthin;
seine Entfremdung von sich selbst und damit von den anderen, von der Natur, von Gott.

Wir verloren unseren Weg. Genau aus diesem Grunde findet der heutige Mensch keine Antwort mehr auf die Fragen, die irgendwann in ihm auftauchen: Warum bin ich geboren? Warum lebe ich überhaupt? Warum bin ich krank? Warum leide ich? Was ist das Ziel, der Sinn meines Lebens? Warum muß ich sterben?

Auch wenn er sich noch so dagegen wehrt, eine seelisch-geistige Krise als gegeben anzunehmen, so weist doch alles, was er tut, auf die Krise hin: Er stürzt sich auf das vermeintliche Lebensziel, immer mehr anzuhäufen an Geld und Geltung, Einfluß und Macht, immer mehr und besser zu produzieren, immer ausgiebiger zu konsumieren, immer noch mehr zu leisten, auf welchem Gebiet es auch sei, von immer weniger immer mehr zu wissen, überall mehr vermeintliches Glück zu erhaschen.

Was letztlich bleibt, ist Leere. Ausgehöhltsein. Vereinsamung. Angst und die natürliche Folge davon: Flucht, Verdrängung, Überkompensation. Denn darf einer nicht zugeben, daß er Angst hat, dann bleibt ihm nur übrig, so zu tun, als habe er keine. Wie schwer aber fällt das Eingeständnis, daß an unserer Lebenseinstellung irgend etwas nicht stimmen könnte, sich sagen zu müssen, daß das eigene Leben, wie es bisher in seiner Vordergründigkeit gelebt wurde, nicht sinnvoll, nicht bewußt, nicht beglückend ist, daß es nicht zur Vervollkommnung, zur Reife führt.

Doch nur dann, wenn ich versuche, jede Minute meines Lebens in der Weise zu leben, ganz und ungeteilt, eins mit mir und damit mit anderen zu sein – erst dann werde ich den Sinn meines Lebens erkennen und erfüllen. Dann bin ich auf dem Weg.

Kopflastigkeit

»Der Feind sitzt im Kopf«
(Franz Kafka)

Warum verloren wir unseren Weg?

Wir haben uns von der Ganzheit des Menschen entfernt, indem wir die Ratio, den Verstand in einem Maße überbewerten, der ihm nicht zukommt.

Wir haben alle unseren Feind im Kopf. »Die ungeheure Welt, die ich im Kopf habe. Aber wie mich befreien und sie befreien, ohne zu zerreißen?« schreibt Kafka in seinen Tagebüchern. Und in der Tat ist Franz Kafka ein Paradebeispiel für die Mechanismen, die aufzuzeigen mit der Sinn dieses Buches ist: die Kopflastigkeit, also die »ungeheure Welt im Kopf«, mit der er nicht fertig wird, das Herausfallen aus der eigenen Mitte – und die Angst. Sätze in seinen Tagebüchern wie »Angst..., ja ich bestehe aus ihr« – »Wäre die Angst nicht, wäre ich fast gesund« – »... und außerdem ist es ja mein Wesen: Angst« sprechen ihre eigene Sprache.

Wir haben den Feind und die ungeheure Welt im Kopf. Und wir haben Angst. Auch wenn wir sie uns nicht eingestehen. Auch wenn wir also nicht wissen, daß wir Angst haben.

Die Überbewertung unseres Verstandes ist die Grundlage unserer Gesellschaft, und die Welt des Emotionalen, des Fühlens hat kaum Platz in ihr. Wir haben uns an diese Gesellschaft angepaßt und passen uns weiter an. Schon von Kindheit an wird uns zu verstehen gegeben, daß wir im Kopf etwas leisten müssen, um angesehen und bewundert zu werden. Unser ganzes Schulungssystem ist schließlich darauf aufgebaut. Auch wenn vereinzelt einsichtige Pädagogen, Psychologen und Soziologen warnend den Zeigefinger heben, sie müssen sich vorkommen wie Rufer in der Wüste: Ändern wird sich in der Strategie unserer Schulen so schnell wohl nichts. So sagt zum Beispiel der Psychologe Prof. Dr. Dr. Affemann zum Thema »Die Schule – eine seelische Störquelle« während einer Fernsehsendung folgendes: »Der Mensch ist eine Ganzheit. Es gibt den Verstand auf der einen sowie Gefühl und Gemüt auf der anderen Seite. Auf diese Ganzheit geht die Schule nicht ein. Sie wendet sich einseitig an bestimmte Fähigkeiten des Verstandes. Die Schule erzeugt im Schüler ein Gefühl von Sinnlosigkeit. ... die Schule insgesamt neurotisiert.«

Das sind ebenso harte wie wahre Worte. Kaum anders sieht es auf den Hochschulen aus. Es wundert nicht, daß das systematische naturwissenschaftliche, rationale, analytische Denken, das unsere Zeit eroberte, von einem »Teil« immer enormere und genialer anmutende Kenntnisse hat. Daß das Wissen vom »Ganzen« dabei verkümmert, scheint kaum jemand wahrzunehmen. Genauso wie zum Beispiel in der Medizin das forschende Interesse mehr und mehr der Krankheit als solcher, also irgendeiner gestörten Organfunktion gilt als dem Menschen als Ganzem, genauso fühlt sich letztlich auch der Student, der diesem wissenschaftlichen Denken und Forschen unterliegt, als Ganzheit, als Mensch ignoriert. So schreibt z. B. in einer Zeitschrift ein amerikanischer Student: »Meine vier Jahre Studium haben mich, statt mir zu helfen, ein Mensch zu werden, fast zu einem gefühllosen, denkunfähigen, mathematischen Roboter gemacht, der von der Welt außerhalb seines Studiengebietes völlig isoliert ist.«

Es soll nicht Aufgabe dieses Buches sein, den Verstand zu verteufeln. Aber die Einsicht zu vermitteln, daß wir weit mehr in uns haben als eben unseren Verstand. Um es anders zu sagen: daß wir weit mehr sind als das bißchen Verstand. Denn gemessen an dem, was wir in uns tragen, haben wir wirklich nur »ein bißchen Verstand«. Es ist eine der Krankheiten unserer Zeit, daß wir uns gerade an diesem wenigen in uns festklammern, daß wir gerade dies so hoch und in Ehren halten, daß wir beinahe nichts mehr wissen von dem unerschöpflichen Reichtum unseres Wesens. Je mehr wir uns aber an die Ratio in uns halten und die andere Seite in uns mehr oder weniger verneinen oder vernachlässigen, um so weniger werden wir mit »der ungeheuren Welt im Kopf« fertig.

Warum? Weil wir uns damit gleichsam gewaltsam herausreißen aus unserer Mitte und unser Schwergewicht in den Kopf verlagern. Weil wir also »kopflastig« werden. Weil wir uns damit selbst entwurzeln. Weil wir uns aus der Harmonie, aus der Geborgenheit herauslösen und an die Peripherie des Lebens rücken.

Wenn wir uns damit begnügen, daß unser Verstand ein Teil des Ganzen ist, das wir als Mensch darstellen, nicht mehr und auch nicht weniger, dann ist der Verstand gut. Dann ist er auch niemals unser Feind. Wenn wir ihn aber überbewerten, wenn wir ihn herauslösen aus der Ganzheit und somit auf den Thron heben, wenn wir also den Weg verlieren, die Mitte, so wendet er sich gegen uns: Er zerstört, anstatt aufzubauen. Er macht uns blind für die wirklich wichtigen Dinge unseres Lebens.

Je mehr ein Mensch sich dem Verstand überläßt, je kopflastiger er wird, um so ich-süchtiger wird er auch. Der Verstand ist immer gebunden an das Ego, an das kleine Ich. Und je mehr wir an unserem Ego haften, um so mehr ist auch unser Verstand im Spiel. Oder: Je mehr wir aus unserer Mitte in den Kopf »hinaufrutschen«, um so mehr sind wir im Ego verhaftet. Es ist wie ein Katz-und-Maus-Spiel. Und wie dieses ist es tödlich.

– Tödlich für die *Werte* unseres Menschseins, die über den Verstand hinausgehen.

– Tödlich vor allem für das *Vertrauen*. Denn ein Mensch, der im Ego verhaftet, der kopflastig ist, kann sich nicht lassen. Und wer sich nicht lassen kann, der kann auch nicht vertrauen.

– Noch tödlicher für die *Liebe*. Denn wer sich nicht lassen kann, der kann schon gar nicht lieben. Liebe im wahren Sinn darf weder den, der liebt, noch den, der geliebt wird, behindern, einengen. Liebe heißt: den andern *lassen*. So gesehen hat Liebe immer ein Stück Unendlichkeit, Göttliches in sich. Aber: Wer sich nicht selbst lassen kann, der kann erst recht nicht den andern, den er vorgibt zu lieben, lassen. So gesehen wird »der Feind im Kopf« geradezu tragisch für uns. Er läßt das Beste, was ein Mensch sein kann, nicht geschehen: Liebe zu *sein*.

Doch das Problem der Kopflastigkeit scheint nicht auf unsere Tage beschränkt zu sein. Es ist uralt. Das mag uns etwas trösten. Das nachfolgende Gedicht von Han Shan, einem chinesischen Einsiedler und Weisen, der wahrscheinlich zwischen dem 6. und 7. Jahrhundert lebte und sich »aus der Welt des Staubes« in ein Gebirge zurückzog, mag uns dies sagen:

> Es gibt zu viele Intellektuelle auf der Welt.
> Die haben ausgiebig studiert und wissen einfach alles.

Doch kennen sie ihr ursprüngliches Wahres-Wesen nicht
Und wandeln fern, so fern vom Weg!
Wie eingehend sie auch die Wirklichkeit erklären:
Was nützen denn alle die leeren Formeln?
Wenn du ein einzig Mal dein Selbst-Wesen erinnerst,
Dann tut sich dir des Buddhas Einsicht auf.*

* Han Shan, 150 Gedichte vom Kalten Berg, China im Umbruch. Diederichs Gelbe Reihe

Ur-Angst

»In der Welt habt ihr Angst...«
(Joh. 16, 33)

Sehen wir also in der einseitigen Überbewertung, in der Herrschaft des Verstandes und dem damit verbundenen Verhaften im Ego die eigentliche Ursache für die heutige seelisch-geistige Krise. Die Folge davon ist Angst. Nicht irgendeine dieser kleinen Ängste, die jeder Mensch hat und die er sich auch lächelnd als kleine »Untugend« eingesteht. Diese kleinen neurotischen Ängste, die nach außen dringen »dürfen«, ohne daß ein Verlust an Achtung und Ansehen befürchtet werden muß. Sie sind nichts anderes als die nach außen sichtbar werdende Folge der wirklich großen Angst, die uns im Nacken sitzt, die jedoch niemals eingestanden werden darf: Angst vor dem Leben und damit vor dem Tod. Existenzangst schlechthin: Ur-Angst. Schon dadurch, daß wir uns diese Ur-Angst selbst nicht eingestehen, geschweige denn anderen, leben wir in einem falschen Bewußtsein. Denn aus dieser Verneinung, Verdrängung, Verstrickung herauszukommen, dazu braucht es zuerst die Erkenntnis, daß die Angst vorhanden ist. Erst dann kann man versuchen, Vertrauen zu gewinnen, um die Angst zu überwinden.

Ur-Angst ist immer Entwurzeltsein, Herausgerissensein aus dem tragenden Grund, Losgelöstsein von der inneren Verankerung. Ur-Angst ist Hoffnungslosigkeit, Einsamkeit, Vertrauensverlust. Ur-Angst ist schließlich Sich-nicht-lassen-können. Da das Vertrauen fehlt in das letztlich Tragende, in die Ur-Geborgenheit, kann der Mensch sich nicht mehr lassen. Er kann sich nicht mehr einschwingen in das große Ganze. Er läßt sich nicht, sondern hält sich selber fest: vertraut nur sich, seinem Verstand, seinem Können. Und muß scheitern.

Je größer der Vertrauensverlust, um so größer die Angst. Oder: Mangel an Ur-Vertrauen bringt Ur-Angst.

Neben der allgemeinen Kopflastigkeit, verbunden mit der ego-zentrischen Fehlhaltung, ist vor allem das dualistische Denken die Wurzel der Angst. Jeder Mensch empfindet sich als den Mittelpunkt der Welt. Er empfindet sich als Subjekt »Ich«, und alles, was nicht er selbst ist, steht ihm ent-gegen, ist Gegen-stand, ist Objekt. Und daher von ihm getrennt, von ihm abgesondert: die Welt, die Dinge, die Menschen, Natur, Gott.

So geht durch den Menschen der Bruch, der sich in zweifacher Weise zeigt. Das Zerrissensein in sich selbst – das Bewußte gegen das Unbewußte, Verstand gegen emotionale Tiefenschichten, Ego gegen »Es« – und das Zerrissensein durch die Subjekt-Objekt-Spaltung »Ich« und »Du«, wobei Du für alles steht, was nicht Ich ist.

Der Mensch ist also nicht nur uneins mit sich selbst. Er ist genauso uneins mit der Welt, mit den Menschen, mit der Natur, mit Gott. Das Nicht-eins-sein-können ist das Problem des heutigen Menschen. Es ist seine Krankheit, seine Entwurzelung, seine Zerrissenheit, seine Einsamkeit, seine Hoffnungslosigkeit, seine Angst.

»Die Not jedes – auch medizinischen – Leidens liegt in den Prinzipien des den Wirklichkeiten des Menschen nie ganz entsprechenden Dualismus... Der Dualismus ist die mächtigste Ursache von Leiden – nicht nur im

Theologischen oder Philosophischen oder Soziologischen, sondern gerade auch im Medizinischen.«*

Dieser Dualismus als »die mächtigste Ursache von Leiden« bedingt auch mit die Angst vor dem Tod. Denn wenn Leben und Tod im Sinne des streng logisch-dualistischen Denkens zwei voneinander getrennte Zustände sind, dann muß die Angst vor dem Anderen, dem Unfaßbaren, dem Unwägbaren übergroß sein. Und sie ist es auch tatsächlich. Der Tod als ein vermeintliches Ende des Lebens schlechthin, wie es heute verstanden wird, wird verdrängt, verneint. Wir sind unfähig geworden, ihn als eine Realität anzunehmen. Eben weil die Angst vor ihm so groß ist. Und weil die Gewißheit, eines Tages auch sterben zu müssen, allgegenwärtig ist.

Wer Angst vor dem Tod hat, der hat auch Angst vor dem Leben. Und wer sein Leben nicht voll und ganz annehmen, bejahen kann, der hat auch Angst vor dem Tod. »Wer das Leben voll begreift, hat keine Angst vor dem Sterben. Todesangst ist nur das Ergebnis eines nicht erfüllten Lebens.« (Franz Kafka). Leben und Tod sind nicht voneinander zu trennen. Sie sind eins. Wir haben alle den Tod in uns, so wie wir das Leben in uns haben. Vielmehr: Wir *sind* alle schon Tod, wie wir auch Leben *sind*. Es gibt keinen Unterschied. Einen Unterschied zwischen Leben und Tod gibt es nur im dualistischen Denken. Das Leben ist nichts anderes als eine einzige lange Suche nach dem Unendlichen, dem Überzeitlichen, dem Absoluten, dem Einen, Gott. Und das Tor dazu, der Übergang in die »uralte Heimat« (Baudelaire) ist das Ende des Suchens, ist der Tod.

* Balthasar Staehelin: Urvertrauen und zweite Wirklichkeit. Editio Academica, Zürich

Willst du ein Sinnbild wissen für Leben und Tod,
So nimm zum Beispiel Eis und Wasser:
Wasser erstarrt und wird zu Eis,
Eis schmilzt und wandelt sich zurück in Wasser.
Was einmal starb, muß sicher wieder leben,
Und was geboren ward, das kehrt zurück zum Tod.
Wasser und Eis, die tuen sich nicht weh.
Ins Leben wie zum Tod zu kehren, ist beides gut!*

* Han Shan, 150 Gedichte vom Kalten Berg, China im Umbruch. Diederichs Gelbe Reihe

Selbst-Enfremdung

»Alle Religionen suchen die Harmonie – nicht die regressive Harmonie, die durch Rückkehr zur vor-individuellen, vorbewußten Harmonie des Paradieses gefunden wird, sondern die Harmonie auf einer neuen Ebene, die der Mensch nur erreichen kann, nachdem er seine Isoliertheit empfunden und das Stadium der Entfremdung von sich selbst und von der Welt durchlaufen hat und ganz geboren wurde.«
(Erich Fromm)

Die zwangsläufige Folge der einseitig betonten Ratio und der streng dualistisch ausgerichteten Denkungsweise, die zwangsläufige Folge des Im-kleinen-ICH-Verhaftetseins ist die Selbst-Entfremdung des Menschen. Er kennt nur sein bewußtes kleines ICH. Seinem SELBST im Sinn einer Integration von ICH und ES, im Sinne einer ich-losen, ego-losen Wirklichkeit in ihm, ist er entfremdet.*

Selbst-Entfremdung ist:
die schmerzlich empfundene Trennung im eigenen Wesen;
der einseitige Überbau des Kopfes;
das aufgeblähte ICH, das sich nicht lassen kann;
das Nicht-zulassen-können der emotionalen Tiefenschichten;
das durch und durch materialistische Menschenverständnis;
das Uneins-Sein.
Selbst-Entfremdung heißt, seinem eigenen wahren Wesen als Ganzheit fremd zu sein: es nicht zu kennen, nicht zu spüren. Heißt, daß Denken und Fühlen im weitesten Sinne voneinander getrennt sind.

* Eine genauere Abhandlung über die Stufen des menschlichen Bewußtseins findet sich im Buch »Das Entspannungsprogramm – ein praktischer Wegweiser zu innerer Ruhe und neuer Lebenskraft«, Anton und Marie-Luise Stangl, Econ Verlag

Intuitiv ahnt der Mensch etwas von seiner Ganzheit, von seinem wahren Wesen, von seinem SELBST. Er sehnt sich danach, es verwirklichen zu können. Doch er ist verstrickt in die Unzulänglichkeiten, in die Vordergründigkeiten seines Lebens. Weil er aber in seinen wachsten und beglückendsten Augenblicken etwas erahnt von dieser zeitlosen Ewigkeit in ihm selbst, vom Absoluten und Unbedingten, weil er es da zu verspüren vermag, und sei es noch so kurz, es aber nicht halten und verwirklichen kann, deshalb ist er zerrissen. Er fühlt die Trennung von sich selbst als schmerzvoll. Ja, vielleicht ist es der Schmerz des Menschen überhaupt, wenn er fühlend erkennt: Ich kenne mein wahres Wesen gar nicht. Ich bin mir selbst fremd. Und vielleicht muß ich eines Tages sterben, ohne mich vorher in meiner Ganzheit erkannt zu haben.

Selbst-Entfremdung geht immer einher mit einer Art narzißtischer Selbstliebe. Diese »Liebe« erlaubt und ermöglicht im Grunde immer nur ein halb-waches Dasein, weil sie dem Anderen im Menschen, dem ego-losen Sein gar keinen Raum zum Leben gibt. Diese narzißtische Einstellung »Ich« vor »Allem« und damit vor dem »Du«, dieser unverfälschte Egoismus ist nichts als die Folge der Selbst-Entfremdung. Wie anders auch sollte ein Mensch, der herausgerissen ist aus seiner Ganzheit und deshalb auch aus seiner Mitte, der sich SELBST entfremdet und damit isoliert ist, wie anders sollte er auch empfinden können? Und wenn er sich auch ab und zu Gefühle »leistet« für sich und andere, so kann dies immer nur ein Abklatsch sein von dem, was er letztlich an Reichtum in sich trägt, und was er, weil er seinen eigenen Narzißmus nicht überwinden kann, nicht zuzu-LASSEN imstande ist.

Kopflastigkeit, Dualismus, Angst und Selbst-Entfremdung stehen daher immer der *Liebe* im Wege. Die echte Liebe ist immer Selbsthingebung und nicht Selbstbehauptung. Die Liebe im umfassenden Sinn bedingt immer das Lassen im eigenen kleinen ICH. Ein Mensch, der sich selbst entfremdet ist, der sich nicht lassen kann, der kann nicht wahrhaft lieben.

Ein Weg aus dieser Krise

»Wer am Morgen vom WEG hört, kann am Abend ruhig sterben.«
(Konfuzius)

Wenn wir die seelisch-geistige Krise des heutigen Menschen betrachten, seine Kopflastigkeit, seinen Dualismus, seine Ur-Angst, seine Selbst-Entfremdung, so können wir den Satz von T. S. Eliot, der über dem ersten Kapitel dieses Buches steht, voll und ganz begreifen:

»Uns traf mehr als ein gewöhnlicher Verlust.
Wir verloren unseren Weg.«

Des Menschen Krise ist zugleich auch sein Auftrag: wieder einen Weg zu finden. Einen Weg, auf dem er gehen kann, auf den er sich ein-lassen kann, auf dem er langsam aber stetig dem Sinn seines Lebens entgegengehen kann: zu reifen, sich zu vervollkommnen, ins Gleichgewicht zu kommen, ganz und ungeteilt zu werden und zu *sein*.

Dieses Buch soll einen solchen Weg zeigen. Hier allein, in der praktischen Hinführung des Lesers zu seinem ur-eigenen Spüren und Empfinden, im Hinführen zu seinem ur-eigenen Lassen kann sein Wert liegen. Hier allein liegt seine eigentliche Berechtigung. Denn der Bücher über die Situation des heutigen Menschen: seine Misere, seine Schwierigkeiten, seine Krankheiten, seine Abgestumpftheit, seine Entwurzelung, seine Hoffnungslosigkeit, seine Entfremdung sind viele. Doch was nützt es, daß die Dinge gesagt werden? Wichtig ist, daß ein praktischer Weg gezeigt wird, *wie* aus diesem Leiden herauszufinden, herauszukommen ist.

Hier wird ein Weg aufgezeigt. Nicht der Weg. Der Wege zur Ganzheit des Menschen mag es viele geben. So viele wie Menschen, die sich in ernsthafter Suche nach sich selbst aufmachen. »Das Große Tao hat kein Tor. Es gibt unendlich viele Wege, es zu erreichen« (Mumonkan). Wenn der suchende Mensch auf seinem Weg immer einheitlicher, ganzheitlicher wird, so ist der Weg richtig. Denn die Wahrheit bleibt immer wahr, welche Sprache sie auch spricht, welche Form sie auch annimmt.

Der Weg, der in diesem Buch gezeigt wird, läßt sich durchaus als subjektiv bezeichnen. Er basiert auf den Erfahrungen vieler Menschen und auf denen der Autorin: er ist erfühlt, erprobt, erübt und auch erlitten aus der Sehnsucht nach dem Anderen, aus dem Bedürfnis heraus, die persönlichen Lebenskrisen zu meistern und vor allem aus dem tiefinneren Wunsch, eine Antwort zu finden auf die Frage aller Fragen: Was ist der Sinn dieses Lebens?

Diese oder ähnliche Fragen beschäftigen, ja bedrängen wohl die meisten Menschen irgendwann. Sie haben das zutiefst verwurzelte Verlangen nach einem neuen Selbst-Verständnis und damit Menschen-Verständnis in sich. Deshalb mögen sie auch aus diesem subjektiven Weg für ihr ur-eigenes Suchen ihren Nutzen ziehen. Um dann das, was sie selbst erfahren werden, wieder weiterzugeben an andere.

Dieser Weg ist ohne besondere Schwierigkeiten gangbar. Für jeden Menschen, der erkannt hat, daß er an sich zu arbeiten hat. Er verlangt nichts Ungewöhnliches oder Unmögliches. Nichts, was sehr viel Zeit erfordert. Nichts, was besonderer Anstrengungen oder Gelenkigkeit bedarf. Im Grunde ist es ein ganz normaler Weg.

Denn es ist »normal«, daß der Mensch ein ganzer Mensch ist, sich selbst kennt. Wir haben uns unglücklicherweise so sehr daran gewöhnt, daß unser nur halbwaches Dasein das ganze und ungeteilte Leben sein soll, daß wir diese Fehlhaltung schon gar nicht mehr bemerken, ja daß wir sie als »normal« annehmen.

Das einzige, was der hier aufgezeigte Weg erfordert, ist ein wenig Mut. Wenn wir uns auf den Grund unserer Seele begeben wollen, in ihre tiefsten Tiefen, so brauchen wir dazu tatsächlich Mut. Denn das, was dabei geschieht, wird für viele zunächst schmerzvoll sein: das LASSEN. Das Lassen am eigenen kleinen ICH ist das Schwerste. Lassen tut weh. Es sind im Grunde Geburtsschmerzen, die wir durchfühlen müssen. Denn wir müssen erst ganz geboren werden, ehe wir voll leben können.

Da-Sein

Eines Tages sagte ein Mann aus dem Volk zu Zen-Meister Ikkyu:
»Meister, wollt Ihr mir bitte einige Grundregeln der höchsten Weisheit aufschreiben?«
Ikkyu griff sofort zum Pinsel und schrieb *Aufmerksamkeit*.
»Ist das alles?« fragte der Mann.
»Wollt Ihr nicht noch etwas hinzufügen?«
Ikkyu schrieb daraufhin zweimal hintereinander:
Aufmerksamkeit. Aufmerksamkeit.
»Nun«, meinte der Mann ziemlich gereizt, »ich sehe wirklich nicht viel Tiefes oder Geistreiches in dem, was Ihr gerade geschrieben habt.«
Daraufhin schrieb Ikkyu das gleiche Wort dreimal hintereinander: *Aufmerksamkeit. Aufmerksamkeit. Aufmerksamkeit.*
Halb verärgert begehrte der Mann zu wissen:
»Was bedeutet dieses Wort ›Aufmerksamkeit‹ überhaupt?«
Und Ikkyu antwortete sanft:
»Aufmerksamkeit bedeutet Aufmerksamkeit«.
Aus Zen Mondo (Dialoge von Zen-Meistern mit ihren Schülern)

»Die ungeheure Welt«, die wir im Kopf haben, unser einseitig betonter Intellekt, unsere dualistische Denkungsweise sind unser Feind. Denn all dies hält uns wie in einem Käfig fest und läßt uns nicht die Ganzheit unseres Wesens erkennen und die Ganzheit der Dinge. All dies läßt nicht unser volles ganzes Leben zu. Waren wir bisher vor allem Kopf, Intellekt, Ratio, so müssen wir, um zur Einheit zu kommen, schmerzvoll erkennen, »daß der logische Standpunkt nicht der letztgültige ist, und daß es darüber hinaus transzendentale Einsichten gibt, die auf dem Wege reiner intellektueller Geschicklichkeit nicht zu erreichen sind« (Daisetz Teitaro Suzuki).

Wir müssen uns daher einlassen in die überaus reiche, unentdeckte, kaum wahrgenommene Welt unseres

Empfindens und Fühlens, unseres Tastens und inneren Schauens. Damit wir uns selbst und die Welt, in der wir leben, offen und hellwach, lebendig und empfindsam, unmittelbar und unreflektiert, schöpferisch und frei, ganz und ungeteilt erleben und erfassen können.

Es geht also immer um das SEIN, nicht um das HABEN. Es geht um unser ganzes Da-Sein, um unsere größtmögliche Präsenz.

Und es geht um das ganze Wissen. Nicht nur um das rein rationale, intellektuelle Wissen, das uns die Welt und uns selbst einseitig und voller Gegensätze zeigt. Sondern um das Wissen, das erlebt ist in der Tiefe des Wesens, wo Bewußtes und Unbewußtes völlig frei und unreflektiert eine Erfahrung zustandebringen, die weit jenseits des Rationalen ist und weitaus tiefere Einsichten birgt.

Doch die Welt unseres Empfindens und Fühlens, unseres Tastens und inneren Schauens ist verschüttet, ist zugedeckt. Wir haben denken gelernt. Vom Fühlen hat nie jemand etwas gesagt. Um uns also ganz und ungeteilt erfahren zu können, müssen wir uns aufmachen, den Schutt, das Geröll, mit dem unser innerer Reichtum zugedeckt ist, wegzuräumen, um das darunter Verborgene aufzudecken.

Der Weg führt über die Aufmerksamkeit. Nicht die Aufmerksamkeit im Kopf, die wir schon immer geübt haben. Sondern die Aufmerksamkeit unseres ganzen Wesens. Es ist die, von der Zen-Meister Ikkyu spricht, wenn er um eine Grundregel zur Erlangung der höchsten Weisheit gefragt wird. Diese Aufmerksamkeit führt hin zu unserer größtmöglichen Präsenz, zu einer Anwesenheit, die wir hier Da-Sein nennen.

Es ist die Aufmerksamkeit, die den Körper genauso einbezieht wie Seele und Geist. Es ist die Aufmerksamkeit, in der das Empfinden und Fühlen zunächst die Oberhand hat, um das Gleichgewicht vom Kopf und damit vom kleinen ICH und dem ES herzustellen. Es ist ein Üben, ein Erfahren zunächst am Körper, das aber seine tiefen Auswirkungen in die seelisch-geistigen Bereiche hat.

Um ein praktisches Beispiel zu geben: Wenn wir von der Überbetonung des Kopfes wegwollen, so können wir uns zunächst des anderen Pols in unserer Körperlichkeit erinnern: unserer Füße. Mit anderen Worten, wir können:

unsere Aufmerksamkeit einmal ganz in die Füße verlegen;
die Füße spüren, sie fühlen;
fuß-bewußt werden;
Da-Sein in unseren Füßen üben;
uns ein-lassen in den tragenden Grund, der zunächst einmal der Boden ist;
guten Stand bekommen;
Verwurzelung, Verankerung über die Füße erleben;
uns spüren in unserer ganzen Länge: von den Füßen bis zum Kopf.

Durch solches Üben und Erfahren, wie es im einzelnen noch im praktischen Teil geschildert wird, können wir leichter, freier werden im Kopf. Denn wenn die Gleichung stimmt, die hier aufgestellt wird: Je kopflastiger ein Mensch ist, um so schlechteren Stand hat er (und dies kann auch übertragen gesehen werden), so stimmt auch ihre Umkehrung: Je mehr ein Mensch sich übt im Da-Sein der Füße auf dem tragenden Grund, um so mehr befreit er sich selbst von der Überlast des Kopfes.

Dieses Üben und Erfahren wird sich natürlich nicht auf die Füße beschränken. Es ist immer die Ganzheit, die erfahren werden muß: der ganze Mensch mit Körper, Seele und Geist. Jeder Körperteil, jede Pore, ja jede Zelle muß bewußt erlebt werden, genauso wie jedes Gefühl direkt und unmittelbar wahrgenommen und zugelassen werden muß. Der Riß, der zwischen Denken und Fühlen, zwischen Intellekt und Emotionen geht, muß geflickt werden: Denken und Fühlen müssen eins werden. ICH und ES müssen integriert werden, um zum SELBST, zum vollen Da-Sein zu gelangen.

Dieses Da-Sein kann sich immer nur im Hier und Jetzt, in dem Augenblick des Denkens und Fühlens abspielen. Niemals in der Vergangenheit. Denn wirklich fühlen und denken, das können wir nur im Augenblick. *Vergangenheit wie Zukunft können nur in der Gegenwart wirklich erfaßt werden.* Das Vergangene ist vergangen. Es hat uns zwar mitgeprägt, mitgeformt und spielt insofern hinein in das Jetzt. Aber in der Vergangenheit leben heißt Verhaftetsein mit dem gestrigen Fühlen und Denken und bringt uns zwangsläufig weg von der Hier-und-Jetzt-Situation.

Dieses Da-Sein kann sich auch nicht in der Zukunft abspielen. Die Zukunft ist morgen. Wir leben *jetzt*. Wir müssen jetzt, in jedem Augenblick, die Wirklichkeit, die Realität in uns und um uns hellwach wahrnehmen, erfassen und damit einswerden. Je intensiver wir leben, um so weniger werden wir uns mit der Zukunft befassen. – Dies könnte freilich falsch verstanden werden. So als ginge es um ein munteres In-den-Tag-Hineinleben ohne jegliche Verantwortlichkeit für das Morgen. So ist es nicht gemeint. Das hellwache Da-Sein bezieht die Zukunft mit ein. Aber es haftet nicht daran. In der Zukunft leben heißt Verhaftetsein mit dem morgigen Fühlen und Denken und bringt uns ebenfalls zwangsläufig weg von der Hier-und-Jetzt-Situation.

Wichtig ist also immer nur der Augenblick, das Jetzt. Wichtig ist, daß der Mensch sich in jedem Augenblick neu erfahren kann in seiner totalen Anwesenheit, in dem Bewußtsein: *Ich bin*, in dem er auch immer ein Stück Zeitlosigkeit, Unendliches, Ewiges an sich erfährt.

Ein solches Bewußtwerden, ein solches Da-Sein ist natürlich nicht von heute auf morgen zu erreichen. Und es bedarf der ständigen Übung, um überhaupt dorthin zu kommen. Der Psychoanalytiker Erich Fromm sagt dazu: »Wenn das Unbewußte bewußt gemacht wird und man zur vollen und daher unreflektierten Realität des Empfindens gelangt, müssen sowohl das Bewußtsein als auch das Unbewußte geübt werden. Das Bewußtsein muß geübt werden, daß es sich nicht mehr auf den herkömmlichen Filter verläßt, und das Unbewußte, daß es aus seiner geheimen, getrennten Existenz ins Licht tritt.«*

Freilich heißt das nicht Übung in dem Sinne, daß das eine oder das andere, Bewußtes oder Unbewußtes geübt werden. Denn dann wären wir ja wiederum im Dualismus verhaftet, den wir ja fallenlassen wollen. Sondern es heißt Übung in dem Sinne, daß der ganze Mensch sich einbringt in diese neue Erfahrung, in ein neues Begreifen oder vielleicht besser in ein neues Ergriffensein, das er in dieser Weise noch nicht oder nur ab und zu, in seinen wachsten und glücklichsten Augenblicken gekannt hat.

* E. Fromm, D. T. Suzuki, R. de Martino: Zen-Buddhismus und Psychoanalyse, Suhrkamp Taschenbuch Nr. 37

die 25jährige Japanerin wenige Tage vor ihrem bewußt erlebten Tod sagen lassen: »Ich habe alles vergessen und bin mit leeren Händen in meine Wahre Heimat zurückgekehrt.«

Diese »Wahre Heimat« kann auch gleichgesetzt werden mit Baudelaires »Uralter Heimat«, dem Tod. Der Tod beendet immer nur die sichtbare Wirklichkeit in uns, das Leibliche, Zeitliche, Räumliche, Bedingte, Faßbare. Die unsichtbare Wirklichkeit in uns, das Geistige, Ewige, Unfaßbare, Göttliche kann er nicht beenden. Wer sich also ein-lassen kann in die Ur-Geborgenheit in dem Sinne, daß er die Ur-Angst läßt, der wird dem Tod als dem Beender des zeitlichen Lebens nicht mehr mit Schrecken gegenüberstehen. Für ihn ist der Tod nicht das Ende, sondern Erfüllung. Und er empfindet es als Gnade, einen bewußten Tod erleben zu dürfen. So sagt der chinesische Weise Chung-Feng (1263–1323): »Ich möchte sterben mit einer Todes-Warnung eine Woche zuvor, heiter unerschütterlichen Geistes und frei von aller Verhaftung an meinen Körper.« Denn Todesangst ist immer nur Festhalten, Verhaften am kleinen ICH. Wer sich lassen kann in seine Ganzheit, der vertraut. Und wer vertraut, hat keine Angst vor dem Tod.

Ur-Angst und Ur-Geborgenheit hängen auch unmittelbar mit der Krankheit oder Gesundheit des Menschen zusammen. Ja vielleicht könnte man kühn und ketzerisch behaupten, daß Krankheit, jede Krankheit, Angst bedingt. Angst ist die Grundlage, sozusagen die Bakterienkultur, auf der das Kranke gedeihen kann. Denn Angst ist immer Entwurzelung, Herausgerissensein aus dem Tragenden und daher Ungleichgewicht.

Gesundheit ist Seins-Erfahrung. Gesundheit ist in uns allen. Selbst der äußerlich kränkste Mensch, krank in der leiblichen oder seelischen sichtbaren Wirklichkeit, ist noch gesund, und zwar in dem Sinne, daß er SELBST in seiner unsichtbaren Realität dem angehört, das immer *ist* und das niemals krank sein kann: das Ewige, das Göttliche, das Tao. Das Ewige in uns ist immer ganz und ungeteilt und heil. Es kann nicht krank sein.

Es ist eigenartig, daß der Gedanke der absoluten Gesundheit, die jeder Mensch hat, vielmehr *ist*, selten oder nie aufkommt. Wohl aber werden heute mehr und mehr Stimmen von Ärzten laut, die wenigstens die psychische Bedingtheit von Erkrankungen sehen und sich entsprechend danach richten.

Auch die psychische Bedingtheit des Krebses macht neuerdings von sich reden. So kann der Präsident der Amerikanischen Krebsforschungsgesellschaft Dr. Eugene Peudergrass die Überlegungen zur Psychogenese des Krebses folgendermaßen zusammenfassen: »Es gibt fundierte Beweise dafür, daß die Krankheit (gemeint ist Krebs) durch emotionale Belastung beeinflußt wird. Es ist meine feste Überzeugung, daß es in der Psyche des Menschen Kräfte gibt, die das Fortschreiten und die Bekämpfung der Krankheit gleichermaßen beeinflussen können.«

Wenn wir statt psychischer Bedingtheit oder emotionaler Belastung des Krebses Angst sagen, Angst in ihren tausendfältigen Schattierungen, die immer nur von einem künden, nämlich von der Ur-Angst, so ist die obengestellte Behauptung, daß Angst Krebs zuläßt, vielleicht doch nicht so kühn und ketzerisch.

Warum der Gedanke beziehungsweise das Wissen um die in jedem Menschen vorhandene absolute Gesundheit nicht oder verschwindend selten in die Heilpraxis eingebaut wird, bleibt ein Rätsel. Ein sehr schönes wenn auch leider sehr vereinzelt auftretendes Beispiel für eine solche Einbeziehung des Gesundheits-Gedankens in die ärztliche Praxis zeigt Dr. Carl Simonton, der in Forth Worth in Texas eine onkologische Klinik leitet. Simonton führt mit seinen krebskranken Patienten ein von ihm entwickeltes sogenanntes »mentales Training« durch, das ungefähr so aussieht:

Simonton läßt seine Patienten zunächst in einen tiefen Entspannungszustand gehen. Darauf sollen sie sich – in diesem entspannten Zustand – den Krebs in einer möglichst anschaulichen Weise vergegenwärtigen. In ihrer Vorstellung sollen sie die schwachen Krebszellen sehen, dann die starken, aggressiven weißen Blutkörperchen, und erleben, wie diese weißen Blutkörperchen über die schwachen Krebszellen herfallen und sie allmählich vernichten. Und während des ganzen Tages, immer wieder, immer wieder, sollen die Patienten an folgenden Satz denken: »Mein Körper ist stark genug, um mit dem Krebs fertig zu werden. Er kann sich selbst reparieren!«*

Simonton berichtet, daß er erschüttert gewesen sei, wie rasch die Genesung der meisten seiner Patienten fortschreitet. Bedingung allerdings sei, daß die Patienten an diese Fähigkeiten in ihrem Körper glauben. Sonst könnten sie von diesem mentalen Training nichts profitieren.

Bei der Heilung durch den Geist steht immer der absolute unerschütterliche Glaube an die Gesundheit, an das Heile im Vordergrund. Es ist *das* Gesunde in uns allen, das Ganze, das Ungeteilte, das Göttliche, das Tao.

* Mehr über die Macht der Vorstellung in dem auf S. 24 erwähnten Buch.

Krankheit ist immer Unordnung, Disharmonie. Mit ihr brauchen wir uns nicht zu befassen, auch wenn wir vielleicht im Moment noch so leiden. An das absolut Gesunde und Heile zu glauben, das wir sind, das ist Vertrauen. Wer sich hier mit seiner ganzen Wesenheit einbringen kann, der hat nicht nur Vertrauen, er *ist* Vertrauen. Denn es geht immer um Sein, nicht um Haben. Wenn er dieses Vertrauen *ist*, dann kann er, um den biblischen Satz zu zitieren, »Berge versetzen«, oder er kann sich selbst heilen. Eben weil er nicht das Kranke in ihm, sondern das Gesunde zuläßt.

Ur-Angst und Ur-Geborgenheit hängen auch unmittelbar mit dem Schlaf zusammen. Die Schlaflosigkeit in ihren verschiedensten Graden und Schattierungen scheint eine abendländische Zeitkrankheit geworden zu sein. Was immer die äußeren Ursachen für solche Störungen sein mögen, der eigentliche Grund, auf der Schlaflosigkeit gedeihen kann, ist das Sich-nicht-lassen-Können, ist Verhaftung im Ego, Überlast des Kopfes, ist Entwurzelung und damit Angst. Wer sich lassen kann, der vertraut und kann schlafen. Wer sich selbst hält, der mißtraut oder hat Angst und kann nicht oder wenigstens nicht gut schlafen.

Schlaf ist immer ein Sichaufgeben, ein Sichanheimstellen, ein kleiner Tod, den das Ich, und sei es für eine Nacht oder Stunden, sterben muß. Denn das kleine Ich im Sinne von Ego muß im Schlaf gelassen werden. Während des Schlafens, wenn die sichtbare Wirklichkeit in uns und um uns verschwindet, stellen wir uns der unsichtbaren Wirklichkeit anheim. Wir vertrauen, indem wir lassen.

Je mehr ein Mensch es also lernt, seine Ängste zu lassen in dem Maße, wie er Vertrauen aufbaut, desto besser wird er schlafen. Desto beglückender wird auch sein Erwachen sein. Denn das, was ihm im Schlaf geschieht, nämlich das totale Untertauchen, das Einschwingen in die in uns befindliche unsichtbare Wirklichkeit, das kann ihn nur glücklicher, froher, freier machen. Und es läßt ihn auch den neuen Tag mitsamt seinen Schwierigkeiten und Problemen in einer neuen Weise mit neuer Kraft angehen.

Wenn wir es also vermögen, uns einzuschwingen in das unbedingte Vertrauen, so verliert sich die Angst. Ein neues Selbst-Verständnis und damit auch Welt-Verständnis tut sich auf, eingebettet in die Ur-Geborgenheit, die das Überzeitliche, Ewige in uns ist. Ein Mensch, der in diesem Sinne an sich arbeitet, verliert seine Ängste und Konflikte, seine Kopflastigkeit und den Dualismus, seine Ego-Verhaltung und Selbst-Entfremdung. Er begibt sich auf den Weg, indem er vertraut.

Eins-Sein

»Der Grund der Seele ist Gott.«
(Ekkehart)

»Die Evolution ist das Gesetz des Lebens.
Die Zahl ist das Gesetz des Weltalls.
Die Einheit ist das Gesetz Gottes.«
(Pythagoras)

Der Sinn des menschlichen Lebens ist Vervollkommnung. Der Sinn ist Reife, ist Eins-Sein. Eins-Sein, das ist der lange Weg:

von der Zerrissenheit zur Ganzheit;
vom Widerstand zur Annahme;
von der Trennung zur Heimat;
von der Entwurzelung zum Verwurzelt-Sein;
von der Vielheit zur Einheit;
von der Ich-Verhaftung zur Ich-Losigkeit;
von der Äußerlichkeit zur Innerlichkeit;
von der Subjekt-Objekt-Bindung zur Gesamtheit;
von der Zeitlichkeit zur Ewigkeit.

»Der Grund der Seele ist Gott«, sagt Ekkehart. Eben das ist Eins-Sein. Hier schwindet jeder Dualismus. Denn wenn der Grund der Seele Gott ist und er dort erkannt wird, so verschmilzt das Subjekt mit dem Objekt. Es gibt keine Zweiheit mehr. Nur noch das Göttliche, das Ewige, das Absolute, das Tao.

Doch der Weg dorthin, der Weg, der verloren war, ist weit und lang: der Weg von der Selbst-Entfremdung zum Eins-Sein. Er kann nur über das Lassen des kleinen ICH im Sinne von Ego gehen. In der Weise, wie der Mensch sein ICH zu lassen imstande ist, in der Weise erkennt er sein SELBST, eben jene unsichtbare Realität in ihm, die da ist, aber nicht erkannt wird. Dieses Erkennen, dieses innere Schauen ist das, was Paulus im 1. Korintherbrief sagen läßt:

»Jetzt sehen wir wie durch einen Spiegel, rätselhaft, dann aber von Angesicht zu Angesicht. Jetzt erkenne ich nur stückweise; dann aber werde ich ganz erkennen, so wie ich selbst erkannt bin.«

Erst aus dieser tiefen inneren Durchdringung, aus diesem Selbst-Erkennen heraus und damit aus dem Erkennen des Göttlichen in uns können wir auch das entwickeln, was ich hier die »objektive Liebe« oder die »All-Liebe« nennen möchte. Es ist jene Liebe, in die wir durch harte Arbeit an uns hineinreifen müssen. Sie ist frei von jeder Subjektivität im Sinne von Ich-Verhaftung. Sie ist aber auch frei von jeder Objekt-Bezogenheit. Sie hat nicht mehr viel zu tun mit Mutter- und Vaterliebe, Kindesliebe, Gattenliebe. Denn es gibt kein Ich und kein Du mehr. Die Verschmelzung mit Allem ist es, was jene Liebe kennzeichnet: das Nicht-Dualistische, das Einheitliche, das Göttliche. In diesem Sinne ist Liebe das Einschwingen in die zeitlose Ewigkeit, in das kosmische Eins-Sein. Ein Mensch, der so liebt, ist Liebe, er liebt nicht irgend jemand oder irgend etwas.

Es ist jene Liebe, von der Paulus ebenfalls im 1. Korintherbrief sagt:

»Die Liebe ist geduldig, ist gütig; die Liebe beneidet nicht, handelt nicht prahlerisch, bläht sich nicht auf, sie ist nicht ehrgeizig, nicht selbstsüchtig; sie läßt sich nicht erbittern, sie denkt nichts Arges; sie freut sich nicht am Unrecht, sondern hat Freude an der Wahrheit; sie erträgt alles, glaubt alles, hofft alles, duldet alles. – Die Liebe hört nie auf.«

Diese All-Liebe kann auch erfahren werden in einer wirklich tiefen großen erotischen Liebe, in der zwei Menschen sich treffen und von der Zweiheit zur Einheit verschmelzen können. Hier ist die Liebe eine echte mystische Erfahrung, und zwar in dem Maße, wie die Liebenden sich als absolute Einheit mit Ewigkeitscharakter erfahren können. Dies hat nichts mit Sexualität im engeren Sinn und der Gier danach zu tun. Sondern es ist immer Lassen in der Weise, daß Ich mich lasse und ganz mit dem Du verschmelze.

Es wird gerne gesagt, daß dieses Selbst-Suchen auch schon wieder etwas Narzißtisches, Ego-Zentrisches in sich tragen würde. Denn die Beschäftigung mit sich selbst auf dem langen Weg von der Selbst-Entfremdung bis zum Eins-Sein bringe davon ab, an andere zu denken, anderen zu helfen. Dazu kann eindeutig gesagt werden:

– Auf dem Weg der Selbst-Suche sind wir nicht irgendwie »aus« dieser Welt herausgenommen, sondern wir bemühen uns ja, ganz *da* zu *sein*. Und deshalb nehmen wir auch den anderen, den Mitmenschen mit seinen Problemen und Nöten in einer ganz anderen Weise wahr als sonst, wenn wir nur ein halb-waches, halb-bewußtes Leben führen würden.

– Es sollte auch klar erkannt werden, daß wir anderen bei ihrer eigentlichen Selbst-Suche im Grunde gar nicht helfen können. Wir können zwar einen Weg aufzeigen denen, die ihn suchen. Aber gehen, nämlich an sich arbeiten, sich erfahren, das muß jeder selbst. Niemand kann für einen anderen in dieser Weise etwas tun. Denn niemand kann das Göttliche, das er selbst erfahren hat, an andere verschenken.

– Aber wir können dann, wenn wir auf unserem Wege zum Selbst mehr und mehr reifen und vollkommener werden, den anderen Menschen in einer ganz anderen, tieferen Weise verstehen, als uns dies sonst möglich wäre. Mit anderen Worten: Arbeit am ICH im Sinne von Lassen und dadurch SELBST-Findung ist immer auch Arbeit für das DU. Erst in dem Maße, wie wir an uns und in uns das Heile, das Ganze, das Ungeteilte erfahren, erst in dem Maße können wir auch ein tieferes inneres Menschen-Verständnis entwickeln: ein Mit-dem-andern-Sein, ein Ich-bin-Du.

Eins-Sein mit sich und damit mit dem Zeitlosen und Ewigen kommt einem gelebten erleuchteten Seins-Zustand gleich. ICH und ES sind integriert. Denken und Fühlen sind eins. Der Geist im weitesten Sinn, was nichts mit Ratio und Intellekt zu tun hat, *das* Geistige also ist in uns. Und wir sind dadurch frei. Denn frei im wahrsten Sinn des Wortes ist nur ein Mensch, der sich gelassen, der Einheit erfahren hat. Freisein ist Transparenz für Göttliches, und das immer und überall, gleichgültig wie die äußeren gesellschaftlichen oder politischen Zwänge auch sein mögen.

Dieses Eins-Sein hat Jesus (nach Matthäus 18, 4/5) gemeint, als er sagte: »Wahrlich, ich sage euch, wenn ihr nicht werdet wie die Kinder, so werdet ihr nicht in das Himmelreich eingehen. Wer sich klein macht wie dieses Kind, der ist der Größte im Himmelreich.« Wer wird wie ein Kind, der erfaßt sich und die Welt frei und unreflektiert, und wer sich klein macht wie ein Kind, der läßt am ICH.

Und trotzdem ist dieses Eins-Sein nicht das Eins-Sein eines Kindes. Das Kind weiß nichts von seiner Einheit. Es ist eins. Insofern müssen wir zunächst den Weg gehen, der über die Selbst-Entfremdung führt, um das Eins-Sein in einer anderen, neuen Dimension zu erfahren. Erich Fromm sagt dazu in »Zen-Buddhismus und Psychoanalyse«: »... diese neue Empfindung ist eine Wiederholung des vor-intellektuellen, unmittelbaren Erfassens des Kindes, aber auf einer neuen Ebene, auf der die Vernunft, Objektivität und Individualität des Menschen voll entwickelt sind. Während das Erlebnis des Kindes der Unmittelbarkeit und Einheit *vor* der Erfahrung der Entfremdung und der Spaltung in Subjekt und Objekt liegt, kommt das Erlebnis der Erleuchtung danach.«

Eins-Sein ist das »kosmische Bewußtsein«, von dem der amerikanische Psychiater Richard R. Bucke in seiner interessanten Studie spricht.* Nach ihm hat sich der Mensch vom »einfachen Bewußtsein« zum Ich-Bewußtsein hin entwickelt und steht heute nun an dessen Grenze. Danach kommt nach Bucke das »kosmische Bewußtsein«, was auch dem »objektiven Bewußtsein« von P. D. Ouspenski** gleichkommt oder der »Einfaltung« (samadhi) im Hinduismus und dem Satori oder Wahren Selbst im Zen-Buddhismus.

Immer ist die Trennung im Menschen selbst aufgegeben sowie die Trennung von ihm zu seiner Umwelt. Oder anders gesagt: Das transparente, durchgängige SELBST ist genauso durchgängig und transparent für die sichtbare und unsichtbare Wirklichkeit in und um uns. Es gibt kein Außen und Innen mehr. Alles ist *Eins*.

* Richard R. Bucke, Cosmic Consciousness, A Study in the Evolution of the Human Mind, Innes & Sons, New York

** P. D. Ouspenski »Vom inneren Wachstum des Menschen – Der Mensch und seine mögliche Evolution, eine psychologische Studie«, Otto Wilhelm Barth Verlag, Weilheim

Dieses Eins-Sein meint auch Ekkehart, wenn er sagt:

> »Ich habe schon öfters gesagt, die Schale muß zerbrechen; und das, was darin ist, muß herauskommen; denn willst du den Kern haben, so mußt du die Schale zerbrechen. Und demnach: Willst du die Natur unverhüllt finden, so müssen die Gleichnisse alle zerbrechen, und je weiter man eindringt, um so näher ist man dem Sein. Wenn die Seele das Eine findet, in dem alles eins ist, da verharrt sie in dem Einen.«

Eins-Sein bedeutet letzten Endes das Zurückfinden des Menschen zu seiner Wahren Natur, es bedeutet nichts anderes als das Eins-Werden des Individuums mit der Unendlichkeit des Universums.

Praktischer Teil

Die Übungen

In der praktischen Hinführung zu einem neu zu erarbeitenden Da-Sein liegt der Schwerpunkt dieses Buches. Es wird davon ausgegangen, daß der Sinn des Menschseins, der Sinn des menschlichen Lebens Reife, Vervollkommnung ist, und daß die hier aufgezeigten Übungen helfen können, auf diesen Weg zu kommen.

Aus vielen Übungen wurden solche herausgesucht, die

- von jedem geistig aufgeschlossenen Menschen nachvollziehbar sind,
- größtenteils im Alltag leicht zu praktizieren sind,
- das Zu-sehr-nach-Außen-Gerichtetsein des Menschen durch ein neues Innesein korrigieren,
- bewußtes Wahrnehmen, Fühlen und Empfinden im Mittelpunkt haben,
- meditative Elemente in sich tragen.

Neben diesen Punkten war vor allem eine Frage bei der Auswahl der Übungen wichtig: Helfen Sie, ein neues *Vertrauen*, eine neue *Geborgenheit* aufzubauen? Denn es geht hier vor allem um eines: Vertrauen in kleinsten und kleinen Schritten aufzubauen und damit die Angst zu bewältigen.

Die vorgeschlagenen Übungen haben fast alle mehrere Elemente in sich. Sie sind stark beeinflußt von der Eutonie, von der Zen-Meditation (Zazen), vom Geistigen Heilen und von der Atemlehre. Hierzu sind einige Vorbemerkungen nötig.

Eutonie: Die Eutonie (Wohlgespanntheit, Gegensatz zu Dystonie) hat vor allem das Ziel, dem Menschen zu helfen, sich wieder außen und innen wahrzunehmen und fühlen zu lernen, in ihm ein gutes Körperbild zu schaffen, ihn in seinen leiblich-seelischen Spannungsausgleich zurückzubringen, ihn durchgängig und transparent zu machen für den Atem und damit auch für Geistiges. Die Ziele der Eutonie können hier nur knapp und stichwortartig, ohne weitere Erklärungen und Begründungen angegeben werden.*

Zazen: Die Zen-Meditation hat ihr Ziel in der SELBST-Suche des Menschen. ICH und ES sollen integriert werden, um zum SELBST, zum Wahren Wesen, zu werden, das jeder Mensch in sich trägt.*

Geistiges Heilen: Hier wird davon ausgegangen, daß das Heile, das Ganze, das Ungeteilte, das Göttliche, oder wie immer wir es nennen möchten, in jedem Menschen vorhanden, aber noch nicht erkannt ist. Der unerschütterliche Glaube an diese eigene Vollkommenheit und damit auch Gesundheit stellt eben dieses Vollkommene in den Vordergrund, in den Mittelpunkt aller Bemühung. Es geht darum, das Vollkommene, das Ganze und Ungeteilte zuzu-lassen, und nicht darum, das Unvollkommene, das Zerrissene zu beseitigen. Wird der Geist im zweiten Fall im Negativen konzentriert, so im ersten Fall des geistigen Heilens eindeutig in den positiven, aufbauenden, die seelische und körperliche Gesundheit aktivierenden Kräften.

Atmen: Es geht hier nicht um Atemübungen der üblichen Art. Sondern es geht um ein eutonisches, meditatives Atmen: um ein Wahrnehmen, Erspüren, Ertasten,

* Näheres in: M.-L. und A. Stangl: Das Entspannungsprogramm, Econ Verlag

Zulassen. Es geht um das Bewußtsein: »Es« atmet. Nur in dieser Weise sind die wenigen Atemübungen hier zu verstehen. Ansonsten können wir uns darauf verlassen, daß der Atem *da ist*, wo das Bewußtsein *ist*. Mit anderen Worten: Wer wirklich anwesend sein kann (im Sinne seines totalen Gegenwärtigseins als ganzer Mensch in jedem Augenblick), der hat auch den ihm zukommenden »richtigen« Atem, und der bedarf keiner Korrektur. Was zu lernen ist, ist Anwesend-Sein, Da-Sein. Und eben das ist der Sinn dieses Buches.

Die praktischen Übungen sind unterteilt in solche, die im Alltag jederzeit nachvollziehbar sind, und in solche, die einer gewissen Stille, Zurückgezogenheit bedürfen.

In den *Alltags-Übungen* liegt der eigentliche, der größte Wert dieses praktischen Buchteils. Denn je mehr ein Mensch es lernt, seinen Alltag zu *durchleben*, bei jeder Arbeit, bei jeder Verrichtung ganz da zu sein, um so mehr gewinnt er an Vertrauen.

Der Alltag ist immer. Es ist unsere größte Chance, eben diesen unseren Alltag als Übung anzusehen. Wer nur morgens oder abends übt, der tut zwar etwas, aber er hat es – relativ gesehen – viel schwerer, einen Wesensdurchbruch im Sinne der SELBST-Findung zu erreichen. Wer den Alltag, jede Minute, in der vollen Bewußtheit seines Seins erleben, durchleben, erfahren kann, der macht es besser. Es geht hier im wahrsten Sinn des Wortes um »Jede Minute sinnvoll leben«.

Das soll nicht heißen, daß *die Übungen, die Zurückgezogenheit und Stille erfordern*, nicht genauso wichtig wären. Wir brauchen die Stille heute mehr denn je. Und wir müssen es lernen, uns ein- oder zweimal am Tag aus allem Trubel, aus aller Hektik zurückzuziehen, um nur für uns da zu sein. Wir müssen das lernen, auch wenn wir noch so sehr meinen, daß wir unabkömmlich seien, keine Zeit hätten, diese oder jene Arbeit wichtiger sei. Nichts ist so wichtig wie die Arbeit an uns selbst. Und wir nehmen anderen auch durch dieses Unszurückziehen nichts weg, denn wir können danach in einer ganz anderen, tieferen Weise für sie da sein. Das wird jeder spüren, der so an sich arbeitet. Und die anderen, die Menschen außerhalb dieses Denkens, spüren es auch.

Wie soll nach diesem Buch geübt werden? Der Teil »Übungen für den Alltag« bedarf keiner großen Erklärungen. Lesen Sie sich die Übung 1 so durch, daß Sie genau wissen, worauf es ankommt. Und dann üben Sie, Tag für Tag, wann immer es Ihnen in den Sinn kommt. Vielleicht werden Sie nach ein paar Tagen das Bedürfnis haben, die Übung noch einmal durchzulesen, und vielleicht verstehen Sie dann manches besser oder anders. Üben Sie nun weiter nach Ihrem Verständnis, das Sie jetzt haben.

Gehen Sie zur nächsten Übung – grundsätzlich – erst weiter, wenn Sie das sichere Gefühl haben, daß die Übung Ihnen sozusagen »in Fleisch und Blut« übergegangen ist. Sie dürfen sie nicht vergessen, wenn Sie eine weitere Übung in Angriff nehmen. Das, was Sie sich erübt haben, sollte Ihnen bleiben.

Wann dieser Punkt erreicht sein wird, ist individuell verschieden. Der eine bringt schon viel mit an Vorarbeit und braucht nur ein paar Tage für die Übung 1. Der andere hat in dieser Weise noch nie etwas an sich erfahren, denkt nur ein- oder zweimal am Tag überhaupt an seine Übung und braucht daher naturgemäß viel länger. Es gibt hier keine Norm. Wann immer Sie zur nächsten Übung übergehen wollen, ist einzig und allein Ihre Sache. Wollen Sie jedoch den größtmöglichen Nutzen aus diesem Buch ziehen, dann verharren Sie bei einer Übung so lange, bis Sie wirklich von ihr ganz durchdrungen sind. Erst dann gehen Sie weiter. Vergessen Sie nie, daß dies ein Üben der kleinen und kleinsten Schritte ist, das ins *Vertrauen* führt.

Was die »Übungen für die Stille« anbelangt, so üben Sie sie am besten morgens und abends. Der eine hat Zeit gleich nach dem Aufstehen, der andere nach getaner Hausarbeit, bevor die Kinder aus der Schule kommen. Der eine wird abends am besten üben, wenn im Haus alles ruhig geworden ist, der andere braucht die Übung nach getaner beruflicher Arbeit.

Wann immer Sie üben: Tun Sie es regelmäßig. Das Üben muß zu einem festen, nicht wegzudenkenden Bestandteil Ihres Alltagsplans werden. Es muß Ihnen etwas »fehlen«, wenn Sie aus irgendeinem Grund einmal nicht üben können. Lassen Sie es erst einmal zu, daß Sie Ausflüchte akzeptieren, so werden Sie sicher das Üben bald ganz aufgeben. Denn niemals ist unser Verstand so erfinderisch wie im Bereitstellen von Gründen, warum gerade heute nicht geübt werden kann. »In den Bergen gibt es keinen Kalender« sagt ein Zen-Wort. Und das heißt nichts anderes, als daß das Üben nie aufhören darf. Wer auf den *Weg* kommt, muß ihn auch gehen.

Wie nun die Übung im einzelnen machen? Sie lesen sie ganz aufmerksam durch und üben sie dann. Es kommt nicht darauf an, daß Sie die Übung nach dem Buch »perfekt« können, sondern daß Sie sich mit Ihrer ganzen Intensität in die Übung einbringen. Hieraus erwächst Ihnen ein ganz neues Verständnis für sich selbst und das, was Sie brauchen. Sie werden bald wissen, welche Übung gerade heute für Sie die beste ist.

Die Stille-Übungen können beliebig untereinander variiert werden; Sie können also heute dies üben und morgen jenes. Vorzuschlagen wäre allerdings, daß wenigstens einmal am Tag eine Zazen-Sitzung gemacht wird.

Zusammenfassend kann nochmals gesagt werden:

Von den »Übungen für den Alltag« sollte eine nach der anderen so lange erarbeitet werden, bis sie Ihnen in Fleisch und Blut übergegangen ist. Das Üben hört den ganzen Tag über nicht auf, es durchdringt Ihren Alltag.

Die »Übungen für die Stille« können morgens oder abends, oder morgens und abends in den Tag eingebaut werden, wann immer Sie Zeit haben, sich zurückzuziehen. Es ist günstig, wenn es immer dieselbe Zeit ist. Die Übungen können untereinander ausgetauscht werden; günstig ist jedoch mindestens eine Zazen-Sitzung am Tag.

Übungen für den Alltag

Übung 1

Getreu unserem Erkennen, daß »der Feind im Kopf sitzt«, wollen wir in unserem Üben bei den Füßen beginnen. Je mehr wir unsere Füße am Boden wahrnehmen und spüren, je mehr wir sie dort ein-lassen können, um so freier werden wir im Kopf. Fußbewußt werden, das ist für die meisten Menschen heute wie eine Offenbarung, denn sie sind so sehr in den Kopf »hinaufgerutscht«, daß sie den übrigen Körper kaum oder gar nicht mehr wahrnehmen und empfinden.

In dem Maße, wie mit den Beinen und vor allem mit den Füßen gearbeitet wird, in dem Maße gibt es auch im Nacken- und Schulterbereich »nach«. Das heißt mit anderen Worten: Wer seinen Stand verbessert, indem er sich auf seine Füße niederläßt, »läßt« nicht nur in der äußeren Fehlhaltung – die Schultern sind nicht mehr hochgezogen, der Nacken ist nicht mehr verspannt –, sondern genauso in der inneren. Er wird ge-lassen, weil er sich lassen kann.

Fühlen Sie also zunächst überall, wo Sie gehen, stehen oder sitzen, Ihre Fußsohlen am Boden: die Fersen, die ganzen Flächen bis zu den Zehen.

Wenn sie gehen: Setzen Sie den Fuß voll auf den Boden auf, lassen Sie ihn von der Ferse über die ganze Fläche bis zu den Zehen gleichsam abrollen, und dasselbe beim anderen Fuß. Dieses Spüren, dieses Fühlen der ganzen Fußsohle beim Gehen, die Bewußtseinsverlagerung von links zu rechts zu links usw. läßt Sie in einer ganz einzigartigen Weise etwas für sich selbst tun.

Wenn Sie stehen: Stellen Sie sich so, daß
die Füße *beidseitig gleich belastet* sind. Also stehen Sie möglichst nie auf einem Fuß und wechseln dann das »Standbein« ab. Denn es gibt kein Standbein;
die Füße *parallel stehen*, also nicht nach auswärts und nicht nach innen gedreht sind;
die Füße *im Sitzhöckerabstand voneinander entfernt* sind. Der Sitzhöckerabstand ist der Abstand, den Ihre Sitzhöcker, Ihre Sitzknochen voneinander haben. Ertasten Sie diese beiden Knochen in Ihren Gesäßhälften und stellen Sie den Abstand von links zu rechts fest. Das ist dann *Ihr* Sitzhöckerabstand. Er ist bei jedem Menschen naturgemäß etwas verschieden. Im allgemeinen dürfte er zwischen 10 und 15 cm liegen;
die Kniegelenke »frei« sind, das heißt: Drücken Sie die Knie nicht nach hinten durch (und machen sie dadurch steif und undurchlässig), lassen Sie sie aber auch nicht nach vorne hängen (also »weich« werden). Die Mitte ist genau das Richtige.

Wenn Sie sitzen: Setzen Sie sich möglichst oft so, daß Sie beide Füße parallel zueinander im Sitzhöckerabstand am Boden spüren können. Die Unterschenkel stehen dabei im rechten Winkel zu den Oberschenkeln.

Diese Haltung wird Ihnen zunächst wahrscheinlich etwas schwerfallen, weil Sie es etwa gewohnt sind, mit einem übergeschlagenen Bein zu sitzen. Es kommt auch nur darauf an, möglichst oft in dieser Weise zu sitzen und die Fußsohlen so zu spüren. Alles andere kommt dann von allein.

Beim Aufstehen »stemmen« Sie gleichsam die Füße gegen den Boden so, als ob Sie ihn durchstoßen wollten, und kommen dadurch zum Stand.

Wenn hier die Rede ist von parallel gestellten Beinen, Sitzhöckerabstand usw., so heißt das nicht, daß dies eine starre Haltung sein soll. Füße fühlen können Sie in jeder Haltung, *wenn Sie ganz dabei* sind. Diese Vorschläge geben sozusagen nur die ideale Arbeitsgrundlage an.

Dieses Fußsohlenspüren können Sie den ganzen Tag über üben, ohne daß Sie das eine Minute zusätzlich kostet, ohne daß es irgend jemand merkt. Beginnen Sie gleich morgens beim Aufstehen damit: Wenn Sie die Beine aus dem Bett schwingen, setzen Sie doch zunächst die Füße ganz bewußt-spürend auf den Boden auf. Noch im Sitzen auf der Bettkante können Sie dann ganz in Ihren Füßen anwesend sein. Erst dann stehen Sie auf, bleiben aber einen Moment stehen, spüren Sie ganz zu Ihren Fußsohlen hin und verlagern Sie Ihr Gewicht wirklich auf die Füße. Nehmen Sie bewußt das Gefühl wahr: Der Boden trägt mich. Ich bin getragen. – Das kann wenige Sekunden dauern. Erst dann gehen Sie Ihren Beschäftigungen nach.

Dieses Wahrnehmen der Füße kann Sie den ganzen Tag über begleiten. Spüren Sie Ihre Füße immer wieder einmal bewußt:

während Sie unter der Dusche stehen;
wenn Sie Ihre Zähne putzen;
beim Frühstück;
beim Gang zum Büro;
wenn Sie eine Treppe hinauf- oder hinuntergehen;
wenn Sie einen Aufzug betreten;

beim Stehen in der Küche;
wenn Sie in einer Konferenz sitzen;
wenn Sie eine Rede halten;
bei der Hausarbeit (möglichst ohne Schuhe);
beim Spazierengehen;
im Urlaub barfuß am Strand;
beim Autofahren am Gashebel oder an der Kupplung;
in der Straßenbahn, im Bus, im Zug;
beim Zahnarzt;
beim Warten auf irgend etwas;
an der Schreibmaschine.

Und bringen Sie dieses Fußsohlenspüren auch Ihren Kindern bei. Ein Kind kann viel ruhiger, gesammelter lernen, Hausaufgaben machen, in der Schule »da« sein, wenn es seine Fußsohlen spürt. Das gibt ihm Halt, Stand.

In dem Maße, wie Sie es lernen, mit Ihren Füßen zu arbeiten, oder besser gesagt, ganz in Ihren Füßen anwesend zu sein, in dem Maße ordnet sich etwas in Ihnen. Auch wenn Sie das vielleicht jetzt noch gar nicht glauben, gar nicht annehmen können. Durch die Arbeit mit den Fußsohlen werden gestörte Energieabläufe geordnet und harmonisiert. Der Atem kann freier fließen.

Dies ist nicht etwa eine Erkenntnis von heute. Schon der alte chinesische Weise Shitsuyen sagte: »Der Atem des rechten Menschen ist ein Atem mit den Fersen. Der Atem des gewöhnlichen Menschen sitzt in der Kehle.« Das heißt nichts anderes als das: Je mehr wir durchgängig, transparent werden in den Beinen durch das Fühlen mit den Füßen, desto größer ist unsere Chance, gestörte Energieabläufe harmonisierend zu beeinflussen. Mit anderen Worten sagt das auch Dr. med. R. Voll, der Begründer der Elektro-Akupunktur: »Schmerz ist der Schrei des Gewebes nach Energiedurchflutung.« Können wir uns also innerlich frei machen, können wir »es« strömen oder fluten lassen, so heilt »es« in uns.

Es ist interessant, daß es heute nach dem Vorbild des verstorbenen amerikanischen Arztes Dr. William Fitzgerald eine in Deutschland weiterentwickelte Therapie der Fußsohlen-Reflexzonen gibt. Hierbei wird davon ausgegangen, daß jedes Organ in der Fußsohle eine sogenannte Reflexzone hat, daß sich jedes Organ dort also widerspiegelt. Bei entsprechender Druckbehandlung des Fußes kann eine Normalisierung der gestörten Reflexzone erreicht werden. Es wird also, mit anderen Worten, vom Fuß ausgehend das erkrankte Organ behandelt und somit, ähnlich wie in der Akupunktur, eine Ordnungs-Therapie verabreicht, indem gestörte Energieabläufe geordnet werden.

Wir können und wollen uns hier jedoch nicht mit der Fußsohlen-Reflextherapie befassen. Wichtig ist für uns lediglich, daß wir, indem wir in dieser Weise an und mit unseren Füßen arbeiten, in ihnen anwesend sind, sehr wohl ebenfalls ordnend und harmonisierend in gestörte Energieabläufe eingreifen können, auch wenn wir dies indirekt, also nicht gezielt, tun.

Übung 2

Diese Übung ist eine Erweiterung und Vertiefung der Übung 1.

Nachdem Sie Ihre Zeit – Tage oder Wochen – das Spüren der Fußsohlen am Boden geübt haben, versuchen Sie nun, dieses Fühlen durch eine neue geistige Hinwendung zu intensivieren. Immer, wenn Sie weiterhin Ihre Fußsohlen spüren während des Tages, nehmen Sie dazu das Wort *Vertrauen.*

Sie setzen Ihre Füße mit *Vertrauen* auf den Boden,
Sie nehmen sie dort mit *Vertrauen* wahr,
Sie lassen sie gleichsam mit *Vertrauen* dort einsinken,
Sie verschmelzen *vertrauensvoll* mit dem tragenden Grund.

Immer und immer wieder das Wort *Vertrauen*. Nicht in der Art, daß Sie über dieses Wort nachdenken: Was ist Vertrauen? In was soll ich vertrauen? usw. Sondern in der Weise, daß Sie den Begriff Vertrauen und damit das *Vertrauen* selbst unreflektiert tiefer und tiefer in sich ein-lassen, indem Sie Ihre Füße zusammen mit diesem Wort erspüren.

Fühlen Sie also bereits morgens beim Aufstehen Ihre Füße mit *Vertrauen* am Boden. Sie stehen mit *Vertrauen* auf und so fort den ganzen Tag, immer wenn Ihnen dieses Üben in den Sinn kommt. Ihr Verständnis für *Vertrauen*, Ihr tiefinneres Verständnis, wird mit jedem Mal tiefer, weiter und größer, wenn Sie dieses Wort so in sich zu-lassen. In kleinsten und kleinen Schritten bauen Sie Ihr Vertrauen wieder auf und überwinden dadurch Angst. Eines Tages, nach kurzer oder längerer Zeit des Übens, vielleicht erst nach Monaten oder gar Jahren, werden Sie das Gefühl, ja die tiefinnere Gewißheit haben: Ich *bin Vertrauen*. Ich gehe nicht, ich stehe nicht, ich sitze nicht. Ich bin *getragen* im wahrsten und tiefsten Sinn des Wortes.

Übung 3

In dieser Übung sollen Sie sich in den Bauch-Becken-Raum eintasten. Dieser Raum ist unsere eigentliche körperliche Mitte, von der wir fast nichts mehr wissen. Es gilt, sie in einer neuen Weise bewußt zu machen und zu erfahren.

Dazu legen Sie (im Sitzen oder Stehen) eine Hand auf den Bauch, gleich unterhalb des Nabels. Die andere Hand legen Sie mit dem Handrücken so auf das Kreuzbein, daß die Hände sich gleichsam »anschauen« können durch die Leibesmitte hindurch. Die eine Handinnenfläche vorne schaut also zum Handrücken hinten.

Tasten Sie sich nun mit Ihrem Bewußtsein in den Bauch-Becken-Raum ein in der Weise, daß Sie zu Ihrer vorderen Hand, dann zu Ihrer hinteren Hand hinfühlen und darauf den Raum zwischen den beiden Händen wahrnehmen.

Spüren Sie, was sich zwischen Ihren Händen »tut« und lassen Sie es zu. Fühlen Sie, wie der Atem kommt und geht. Beobachten Sie, wie der Atem zu Ihrer vorderen Hand kommt, und verfolgen Sie ihn geistig zu Ihrer rückwärtigen Hand auf dem Kreuzbein. Es ist ein Wahrnehmen, ein Beobachten, ein Fühlen und Spüren. Nicht ein »Machen« des Atems, sondern ein Zu-*lassen*. Nicht Ich atme, sondern Es atmet in mir.

Die Hände haben nur den Sinn, Ihnen das Eintasten zu erleichtern. Nehmen Sie sie die ersten Male zu Hilfe. Dann lassen Sie sie weg wie Krücken, die Sie nicht mehr brauchen. Denn die Übung soll ja vor allem im Alltag praktikabel sein. Üben Sie jedoch allein für sich zu Hause, so ist es gut, die Anwesenheit der Hände zu spüren. Sie erleichtern das Fühlen, vor allem der hinteren Seite, also des Kreuzbeins.

Übung 4

Nun soll auch die Bauch-Becken-Raum-Übung von der geistigen Seite her intensiviert werden.

Wenn Sie die Übung 3 einige Zeit geübt haben und sie in der Weise »beherrschen«, daß Sie die Atembewegung im Leibe zu-lassen können, gleichsam absichtslos, ichlos den Atem kommen und gehen lassen können, ohne ihn machen zu wollen, dann:

Nehmen Sie in dieses Üben das Wort *Vertrauen* auf. Lassen Sie mit dem Atem *Vertrauen* zu. Fühlen Sie, daß im Hin- und Herweben des Atems, das Sie innerlich schauend erspüren, *Vertrauen* eingebettet ist.

Spüren Sie, daß Sie sich von Mal zu Mal gleichsam mehr und mehr mit Vertrauen in Ihren Bauch-Becken-Raum niederlassen können. Und erkennen Sie auch, was das für Sie, für Ihr ganz persönliches Leben, bedeutet.

Übung 5

In dieser Übung wollen wir eine Verbindung herstellen zwischen der Übung 3 und der Übung 1, also zwischen dem Bauch-Becken-Raum und den Fußsohlen.

Lassen Sie zunächst im Stehen den Atem im Bauch-Becken-Raum zu wie in der Übung 3. Sie spüren sich (wenn nötig oder gewünscht zwischen Ihren Händen, eine auf der Bauchdecke, eine auf dem Kreuzbein) in Ihren Bauch-Becken-Raum ein und lassen den Atem kommen und gehen, wie er will.

Dann wenden Sie beim Kommen des Atems Ihre Aufmerksamkeit ganz besonders in die rechte Beckenhälfte und lassen von dort den Ausatem hinunterströmen
durch den Oberschenkel
durch das Knie
durch den Unterschenkel
zu der Ferse, zur ganzen Fußsohle, zu den Zehen.

Den Einatem lassen Sie dann wieder im Bauch-Becken-Raum zu, der Ausatem darf das rechte Bein hinunterströmen, um zur Fußsohle zu gelangen. Der Ausatem spürt also am Schluß die Fußsohle innen, sozusagen die Innenseite der Fußsohlen-Haut, so wie Sie bei Ihren bisherigen Fußsohlen-Übungen die Außenhaut am Boden wahrgenommen haben.

Lassen Sie dieses Einatmen im Bauch-Becken-Raum und das Ausatmen durch das rechte Bein zur Fußsohlen-Innenseite ungefähr 10mal zu.

Dann vergleichen Sie Ihre beiden Beine miteinander und stellen fest, ob ein Unterschied zwischen den Beinen ist und welcher.

Hierauf machen Sie dieselbe Übung auf der linken Seite. Der Ausatem strömt also von der linken Bauch-Bekken-Raum-Hälfte durch das linke Bein zur linken Fußsohlen-Innenseite. – Vergleichen Sie jetzt wieder Ihre beiden Beine und Füße miteinander.

Diese Übung macht in einer einzigartigen Weise die Beine »frei«, durchgängig, transparent. Und freie, durchgängige Beine sind wichtig, um von der Überlast des Kopfes loszukommen. Der Atem darf fließen, was neben den rein körperlichen Auswirkungen ein beglükkendes Erlebnis ist.

Wenn Sie diese Übung einige Male gemacht haben, wird es Ihnen wahrscheinlich leichtfallen, den Ausatem vom Bauch-Becken-Raum beidseitig, also gleichzeitig durch beide Beine hinunterfließen zu lassen zu den beiden Fußsohlen. So können Sie diese Übung im Alltag viel leichter praktizieren.

Das Wichtige ist jedoch, daß der Atem ge-lassen wird. Die Betonung liegt auf dem *Lassen*. Achten Sie sehr darauf, daß Sie den Atem nicht »machen«. Auch dann ist die Übung zwar noch sehr wertvoll, aber lange nicht so, wie wenn es Ihnen gelingt, den Atem ganz frei, sozusagen absichtslos, kommen und gehen zu lassen, wie er will. Sie begleiten ihn praktisch nur schauend, spürend mit Ihrem Bewußtsein. Es ist die Schwierigkeit, den Atem zu lassen und ihn doch ins bewußte Sein zu nehmen.

Sie können diese Übung auch im Sitzen machen. Am Anfang geht es jedoch im Stehen etwas leichter. Die Wirkung ist dieselbe.

Übung 6

Hier wollen wir die Verbindung vom Bauch-Becken-Raum zu den Fußsohlen noch intensivieren.

Wenn Sie es schaffen, den Ausatem vom Bauch-Bekken-Raum gleichzeitig durch beide Beine hinunterströmen zu lassen zu den Fußsohlen, so nehmen Sie das Wort *Vertrauen* hinzu. Lassen sie *Vertrauen* durch Ihre Beinräume hinunterfließen, wie zum Beispiel Wasser durch zwei freie, durchgängige Röhren fließen kann.

Fühlen Sie, was diese Verbindung Bauch-Becken-Raum – Fußsohlen zusammen mit *Vertrauen* in Ihnen bewirkt.

Überprüfen Sie nach der Übung auch Ihren Stand: Ist er stabiler geworden, ruhiger, fester, sicherer, ge-lassener, vertrauensvoller?

Übung 7

Wir wollen nun das Spüren der Fußsohlen (Übung 1) verbinden mit dem Erfühlen des anderen Pols unserer Körperlichkeit.

Der andere Pol ist unser Scheitel. Er hat nichts mit dem Scheitel zu tun, den man sich durch die Haare zieht. Sondern es ist jener Punkt auf der Schädeldecke, an dem die Wirbelsäule heraustreten würde, wenn sie durch den Kopf hindurchginge. Dieser Punkt ist eine »heilige« Stelle in allen Hochreligionen. Um zwei Beispiele dafür zu nennen: Bei den indischen Chakras ist diese Stelle das Scheitelzentrum oder der tausendblättrige Lotos (Atma), der immer mit einem sehr wachen Geisteszustand, einem sogenannten »höheren« oder höchstmöglich entwickelten Bewußtsein zu tun hat. Es ist dieselbe Stelle, die früher bei christlichen Mönchen und im Weltklerus kahlgeschoren wurde (Tonsur).

Versuchen Sie nun, nachdem Sie (im Stehen) Ihre Fußsohlen gut eingelassen haben und verwurzelt mit dem Boden spüren, Ihren Scheitel wahrzunehmen. Verweilen Sie dort etwas und versuchen Sie dann, von Ihrem Scheitel eine Verbindung, einen Weg zu finden zu Ihren Fußsohlen:
durch den Kopf hindurch
an der Wirbelsäule entlang (also über Halswirbel, Brustwirbel, Lendenwirbel, Kreuzbein)
durch die Beine zu den Fußsohlen.

Lassen Sie es zwischen diesen beiden Polen, dem Scheitel und den Fußsohlen strömen und fluten.

Es ist günstig, wenn Sie diese Übung die ersten Male nur ganz kurz machen, sozusagen um sich auf diese neue Weise des Übens erst einmal einzustellen.

Wichtig ist dabei das gute Da-Sein in den Füßen, bevor Sie beginnen, den Scheitel zu spüren. Sollte Ihnen trotzdem das Fühlen des Scheitels aus irgendeinem Grund unangenehm sein, so sind Sie noch nicht genug vorgeübt. In diesem Fall vertiefen Sie die Übungen 1–6 und machen dann mit dieser Übung wieder einen Versuch.

Siehe auch den Hinweis am Ende der folgenden Übung 8.

Übung 8

Die Verbindung vom Scheitel zu den Fußsohlen soll hier geistig intensiviert werden.

Lassen Sie *Vertrauen* im Einatmen sozusagen durch Ihren Scheitel einfließen und hinunterfluten bis zu Ihren Fußsohlen. *Vertrauen* kann gleichsam durch Sie hindurchströmen, wie Wasser von oben nach unten durch Sie fließen könnte.

Spüren Sie beim Einatmen immer wieder vom Scheitel her *Vertrauen* in sich ein-treten und dann beim Ausatmen nach unten strömen. Mit jedem Atemzug, den Sie so einatmend vom Scheitel ein-lassen und ausatmend durch den Körper zu den Fußsohlen hinunterfließen lassen, flutet *Vertrauen* durch Sie hindurch.

Das bewirkt, daß Sie ganz und gar von *Vertrauen* ausgefüllt werden, daß Sie sich immer wieder mit jedem neuen Atemzug davon ausfüllen lassen. Von Stunde zu Stunde, von Tag zu Tag, von Woche zu Woche, die Sie so üben, haben Sie nicht nur mehr und mehr Vertrauen, sondern Sie *sind* es. Ihr ganzer Körper ist davon ausgefüllt und durchströmt bis zu jeder Pore und Zelle, und Ihre ganze Seele ist erfüllt davon bis zu ihren feinsten Regungen und Empfindungen.

Diese beiden Scheitel/Fußsohlen-Übungen, also Übung 7 und 8, können auch im Sitzen gemacht werden. Im Stehen wird es für den Anfang jedoch leichter sein. Die Wirkung ist dieselbe.

Übung 9

Jetzt wollen wir uns mit dem Sitzen beschäftigen. Da Sie vermutlich viele Stunden am Tag auf irgendeinem Stuhl oder Sessel sitzen müssen, kommt diesem Üben auch große praktische Bedeutung zu.

Beim Sitzen versuchen Sie zunächst zu erkennen und zu erfühlen, *wo und wie* Sie sitzen:

die Sitzknochen (Sitzhöcker oder Sitzbeine) auf dem Stuhl,
alles, was von Ihrem Gesäß und Ihren Oberschenkeln dort wahrzunehmen ist,
das Kreuzbein hinten an der Lehne.
Dann suchen Sie von dieser Sitzauflage einen Weg über die Beine hin zu Ihren Fußsohlen und spüren sie gut am Boden.

Wenn also Becken, Beine und Füße gut *da* sind, spüren Sie Ihren Rücken an der Lehne oder, wenn Sie sich nicht anlehnen, hin zur Kleidung. Der Kopf ist ebenfalls gut im Bewußtsein, vor allem der Scheitel.

Von den Schultern rechts und links spüren Sie die Arme hin zu den Händen, vor allem die Unterarme an ihren Auflageflächen. Zum Schluß nehmen Sie bewußt die Hände wahr, wo immer sie aufliegen.

Freilich können Sie während des Tages beim Sitzen nicht ständig dem nachfühlen, *wie* Sie sitzen. Es genügt, wenn Sie das am Anfang einmal ganz bewußt machen, sozusagen (wenn Sie geübt sind) in Sekundenschnelle. Es kommt darauf an, daß Sie *da sind*. Und zwischendurch überprüfen Sie immer wieder einmal Ihre Haltung: Kann ich mich im ganzen noch wahrnehmen? Bin ich noch *da*?

Dieses aufmerksame Sitzen können Sie üben, wann immer Sie sich niederlassen, zum Beispiel:

morgens beim Frühstück;
wenn Sie sich in Ihr Auto setzen, bevor Sie losfahren, und zwischendurch immer wieder einmal während der Fahrt;
am Schreibtisch;
in der Konferenz;
im Kinostuhl;
in der Küche, während Sie das Gemüse putzen;
an der Schreibmaschine;
beim Mittag- und Abendessen;
am Fließband;
beim Fernsehen.

Möglichkeiten zu diesem bewußten Sitzen gibt es so viele wie Möglichkeiten des Sitzens überhaupt.

Das bewußte Sitzen ist genauso wichtig wie das bewußte Stehen und Gehen. Wer es erst einmal gelernt hat, sich niederzu-lassen, und dies im wahrsten Sinn des Wortes, der baut *Vertrauen* auf. Das Nieder-lassen des Bauch-Becken-Raums auf den tragenden Grund (Stuhl) und der Füße (Boden) ergibt zusammen Stabilität, Ruhe, Sicherheit, die in *Vertrauen* einmünden. Der Stuhl trägt, der Boden trägt: Ich darf mich getrost loslassen, mich nieder-lassen. Wer dieses ganz bewußte Spüren beherrscht, das sich auch im seelisch-geistigen Bereich vollzieht, der weiß auch, daß das Sich-niederlassen-können unmittelbare Arbeit am kleinen ICH im Sinne von Los-lassen bedeutet. Hier ist die Parallele zum Stehen: Wer nicht stehen kann, kann nicht wirklich vertrauen. Wer nicht sitzen kann, kann es ebensowenig. Beides ist zu erüben und neu zu erfahren.

Übung 10

Die geistige Intensivierung des bewußten Sitzens ist die Arbeit mit *Vertrauen*.

Wann immer Sie sich bewußt irgendwo nieder-lassen, tun Sie es mit *Vertrauen*. Vertrauensvoll setzen Sie sich auf Ihren Platz und fühlen:

mit *Vertrauen* die Auflageflächen am Stuhl;
mit *Vertrauen* die Füße am Boden;
mit *Vertrauen* den Rücken zur Lehne oder zur Kleidung;
mit *Vertrauen* den Kopf, der ja getragen ist von der Wirbelsäule und damit vom Becken und dem Stuhl;
mit *Vertrauen* die Arme und Hände.

Sich nieder-lassen mit *Vertrauen* bedeutet Sichanheimstellen, Sich-los-lassen, ohne sich zu verlieren.

Übung 11

Besondere Aufmerksamkeit, besonderes Erüben verdienen auch die Hände. Zwar sind sie relativ gesehen bewußter als die Füße. Aber wenn wir uns erst einmal vergegenwärtigen, wie viele Hunderte von Handbewegungen wir den Tag über machen, ohne geistig dabei zu sein, so wird uns klar, daß wir auch die Anwesenheit der Hände, ihre Bewußtheit, neu zu erfahren haben.

Versuchen Sie, Ihre Hände überall da zu spüren, wo sie sind. Wenn die Hände irgendwo liegen, zum Beispiel auf einer Schreibtischplatte, auf den Stuhllehnen, im Schoß, dann nehmen Sie sie da wahr.

Wenn Sie einen Gegenstand in die Hand nehmen, zum Beispiel einen Kugelschreiber, einen Telefonhörer, ein Messer, einen Kamm, einen Briefumschlag, eine Türklinke, ein Stück Brot, den Rasierapparat, eine Frucht, ein Glas oder was immer es sei, so fühlen Sie Ihre Hand oder Ihre Hände an diesem Gegenstand. Nehmen Sie sie dort ganz bewußt wahr.

Sie sagen jetzt vielleicht: Das kann ich nicht. Soviel Zeit kann ich nicht an jede kleine Handreichung während des Tages verschwenden.

Aber es kostet keine Zeit mehr. Nicht eine einzige Minute. Ob Sie einen Telefonhörer unbewußt abnehmen, oder ob Sie ihn bewußt erspürend in der Hand halten, macht keinen Zeitunterschied,

ob Sie ein Stück Brot, Ihr Eßbesteck, ein Glas unbewußt aufnehmen oder erspüren, macht keinen Zeitunterschied.

Aber es macht einen enormen Unterschied im Bewußtwerden Ihrer selbst. Denn all die vielen hundert Male, die Sie einen Gegenstand während des Tages in Ihren Händen nicht bewußt wahrnehmen, läßt Sie auf etwas Köstliches verzichten: auf das ständige, sozusagen minütliche, bewußte *Sein*, auf die Bestätigung: *Ich bin*. Die Auswirkungen auf die Tiefenschichten der Persönlichkeit liegen auf der Hand.

Von Gegenständen abgesehen, die wir bewußt wahrnehmen oder auch nicht, ist das bewußte Erspüren eines Menschen über die Hand von allergrößter Bedeutung für uns selbst und für unsere Kommunikation mit anderen. Es geht hier nicht einmal so sehr um das Berühren eines anderen, den man liebt. Die Liebe zwischen Mann und Frau findet ja gerade über die zärtlichen, streichelnden, kosenden Hände eine ganz andere, viel tiefere Erfüllung, als wenn die »Liebe« nur »gemacht«, also als reiner Sexualakt angesehen wird, der nur *Haben* fordert. In der Bewußtheit der Hände in Beziehung auf das Du könnte manche Ehe neue Impulse bekommen, wenn nicht gar geheilt werden.

Hier soll es jedoch vielmehr um das bewußte Berühren anderer Menschen gehen. Wievielen Leuten geben wir am Tag die Hand, ohne eigentlich dabei zu sein, ohne etwas zu spüren. Dabei kann uns gerade der Händedruck über einen Menschen so viel sagen. Wir »wissen« intuitiv von einer Sekunde auf die andere über einen noch wildfremden Menschen plötzlich etwas, was wir sonst vielleicht nie erfahren würden, einfach dadurch, daß wir ihm voll Aufmerksamkeit, spürend, die Hand geben.

Ein Säugling, ein Kleinkind »lebt« sozusagen mit von der Berührung, vom körperlichen Kontakt mit seiner

Mutter bzw. seiner Bezugsperson. Wie wichtig ein solches Annehmen des Kindes auch über die bewußten Hände ist, zeigt am besten der umgekehrte Fall, wenn ein Kind dies entbehren muß. Es welkt buchstäblich dahin, kann sich nicht entfalten und hat oft später ein neurotisches, gestörtes Verhältnis zu seiner Umwelt.

Wenn wir an Kranke denken, an Unfallopfer auf der Straße, an Sterbende und an die Wohltat der beruhigenden, helfenden, heilenden Hände, so mögen wir eher verstehen, daß es hier nicht bloß um die uns allen sichtbare Wirklichkeit geht. Es geht im wesentlichen um die Realität dessen, was wir sinnlich nicht wahrnehmen können, was uns unsichtbar ist und was durch die bewußten Hände doch deutlich fühlbar ausstrahlt.

Durch Handauflegen wurde schon immer versucht zu heilen. Ob man darin nun einen Sinn sehen mag oder nicht, unbestritten bleibt, daß man Menschen, denen medizinisch gesehen vielleicht gar nicht mehr zu helfen ist, durch das Berühren mit Händen Ruhe, Sicherheit und Vertrauen geben kann. Es ist bezeichnend, daß besonders erfahrene Mediziner darauf hinweisen, man möge soeben schwer verunglückten Menschen, etwa noch im Unfallschock befindlichen Verkehrsopfern, durch Auflegen der Hände, durch Kontakt mit den Händen, durch Streicheln über den Kopf und dergleichen Hilfe angedeihen lassen. Sie sei oft wichtiger als die (nicht selten doch nicht fachgerechte) Erste Hilfe an erlittenen Verletzungen.

Übung 12

Wenn Sie in dieser Weise mit Ihren Händen arbeiten, sie fühlen und spüren den ganzen Tag über, wo immer es sei, werden sie mit der Zeit ganz neu bewußt: Sie wachen auf. Auch mit den Händen können Sie eine Art von Getragen-Sein erfahren, ähnlich wie mit den Fußsohlen.

Dazu nehmen Sie wieder in Ihre Übung das Wort *Vertrauen* auf. Fühlen Sie mit Ihren Händen nicht nur einen Gegenstand, zum Beispiel das Steuerrad, das Messer beim Kartoffelschälen, sondern nehmen Sie das Steuerrad mit *Vertrauen* in die Hände, spüren das Messer mit *Vertrauen*. Sie werden feststellen, daß sich die Dinge mit einem Mal ganz anders anfassen, so, als ob sie eine Art von »geheimem Leben« in sich tragen würden. Wer in dieser Weise arbeitet, ganz bei den Händen und seinem Werkzeug ist, was immer das für ein Werkzeug auch sei, der wird sich so leicht nicht verletzen, schneiden, stoßen oder dergleichen. Wer in dieser Weise mit den Dingen umgeht, wird nichts fallen lassen, nichts zerbrechen. Er ist ja *da* mit den Händen bei dem, was er anfaßt, er umfaßt und verschmilzt gleichsam mit »dem Ding«, auch wenn es nur etwas ganz Materielles ist.

Spüren Sie mit Ihren Händen nicht nur einen Menschen, seine Hand, seinen Körper, sondern spüren Sie diesen Menschen, diese Hand, diesen Körper mit *Vertrauen*. Es ist eine ganz neue Art der Kommunikation. Eine neue Art von Liebe kann dadurch entstehen. Wer zum Beispiel einmal die Hand so bewußt-vertrauensvoll auf den Kopf eines Kindes gelegt hat, der weiß, was da entstehen kann: *Vertrauen* nicht nur in einem selbst. Es strahlt auch auf den aus, mit dem man in dieser Weise kommuniziert. Es ist, als ob auf eine geradezu geheimnisvolle Weise Ströme des *Vertrauens* durch einen selbst hindurchfließen, zum anderen und wieder zurück.

Übung 13

Alle Übungen, die wir bisher erarbeitet haben, führen hin zu einem neuen Da-Sein, zu einer bewußteren Präsenz, zu *Vertrauen*. Sie führen auch hin zu dem, was im Zen in dem schlichten Satz »Tue, was du tust« zum Ausdruck kommt. Wenn wir in dieser Weise an uns arbeiten, wird das mehr und mehr aufhören, was bisher mit unser Leben ausmachte: die Zerrissenheit in uns durch das Nebeneinander verschiedener Dinge. Unser Leben wird in entscheidender Weise bereichert. Wir wachsen fast zwangsläufig in das »Tue, was du tust« hinein. Ja, es wird uns mehr und mehr unmöglich, mehrere Dinge gleichzeitig nebeneinanderher zu tun, weil wir fühlen, daß uns dies spaltet, zerreißt. Wir fühlen, daß wir dadurch die Einheit, die Ganzheit, die wir sein möchten und könnten, nicht aufbauen, sondern verlieren.

Das »Tue, was du tust« heißt nichts anderes, als daß wir einer Sache, mit der wir uns gerade beschäftigen, unsere volle ungeteilte Aufmerksamkeit schenken. Da gibt es nicht noch nebenher etwas anderes, vielleicht weniger Wichtiges. Nicht zwei Dinge auf einmal. Es gibt immer nur eines. Das genügt.

In dieser Weise können wir arbeiten, hören, sehen, riechen, schmecken, tasten, essen, trinken, lieben, schlafen. Es geht um totale Aufmerksamkeit, die es uns schließlich ermöglicht, ein hell-waches Da-Sein zu führen. Es hat nicht mehr viel Ähnlichkeit mit jenem halbwachen schlummerähnlichen Bewußtseinszustand, in dem die meisten Menschen in ihrem Selbst dahindämmern.

Der Dialog eines chinesischen Meisters mit seinem Schüler mag dies noch deutlicher machen:

Schüler: »Machst du ununterbrochen Anstrengungen, dich in der Wahrheit zu üben?«
Meister: »Ja, das tue ich.«
Schüler: »Wie übst du dich selber?«
Meister: »Wenn ich hungrig bin, esse ich, wenn ich müde bin, schlafe ich.«
Schüler: »Das tut jeder. Kann man das von jedem sagen, daß er sich übt wie du?«
Meister: »Nein.«
Schüler: »Warum nicht?«
Meister: »Weil die andern, wenn sie essen, nicht essen, sondern über die verschiedensten anderen Dinge nachdenken und sich dadurch stören lassen; wenn sie schlafen, so schlafen sie nicht, sondern sie träumen von tausend und einem Ding. Darum sind sie nicht so wie ich.«

Und was tun wir, wenn wir zum Beispiel essen? Wir lesen beim Frühstück die Zeitung, halten ein »Arbeitsessen« ab, sehen beim Abendessen fern, hören dabei Nachrichten oder lesen ein Buch, reden mit Familienmitgliedern, Freunden und Bekannten und so weiter und so weiter. Wenn wir »nur« essen, so kommt vielen diese Zeit geradezu »vergeudet« vor.

Es wird gerne gesagt, daß es heute einfach unmöglich sei, nur eine Sache zu tun. »Diese Zeit habe ich nicht. Das kann ich mir nicht leisten!« So oder ähnlich sind die Einwände, die im Kern nur Ausflüchte sind. Denn das »Tue, was du tust« erfordert keinen Mehraufwand an Zeit. Im Gegenteil. Wer mit voller Aufmerksamkeit bei einer, nur einer Sache ist, der kann sie hinterher getrost »lassen«, denn er weiß, er hat sein Bestes getan. Wer dagegen zwei oder drei Dinge nebeneinander mit sozusagen »leichter Hand« bearbeitet, dabei keines richtig, der hat fast die Sicherheit, daß er sich wieder und wieder damit zu beschäftigen hat.

Wir leben und arbeiten heute, indem wir *nicht* tun, was wir tun. Unser Denken und unser Handeln sind oft getrennt, genauso getrennt wie unser Denken und Fühlen. Die Zerrissenheit, die Unruhe unseres Wesens läßt es nicht zu, daß wir uns einer Sache allein widmen. Wir haben Angst, wir könnten etwas verpassen. Im Grunde spielt hier die egoistische Grundhaltung der allermeisten Menschen herein, das überspannte ICH, das auch hier nicht lassen kann. Das Schlimmste daran ist, daß wir dies alles gar nicht mehr merken. Ja, daß wir dies als den von der Natur gegebenen Soll-Zustand des menschlichen Daseins ansehen.

Im Sinne des neu zu erarbeitenden Da-Seins kann es ein solches Gespalten-Sein, eine solche Zerrissenheit nicht mehr geben. Wir können ganz einfach nicht mehr eine Sache tun und nebenher eine andere. Das tut uns weh, weil wir spüren, daß wir dadurch an unserem Eins-Sein gehindert werden. Eins-Sein mit einer Arbeit, mit irgendeiner Beschäftigung können wir nur in dem Sinne, daß wir mit ihr verschmelzen, daß wir sie ganz tun.

Es ist für die Weiterbildung der Persönlichkeit also weniger wichtig, *was* ich tue, sondern *wie* ich es tue. In diesem Sinne gibt es auch keine »niedrigen« und »höheren« Arbeiten oder Verrichtungen. Es gibt nur eine Arbeit, mit der ich in meiner Wesenheit verschmelze, indem ich sie tue. Das ist Identifikation, die zur Einheit führt.

Übend können wir uns den ganzen Tag über auf diese neue Art des Arbeitens und Handelns einlassen. Am Anfang wird uns das »Tue, was du willst« vielleicht schwerfallen. Allzuoft werden wir uns dabei ertappen, daß wir rückfällig werden, daß Denken und Handeln voneinander getrennt sind, daß wir nicht mit unserem ganzen Wesen bei einer Sache sind oder bei einem Menschen. Aber wenn wir in dieser Weise mit uns umzugehen lernen, werden wir rasch merken, wie sich alles ändert, weil *wir* uns ändern. Und wir spüren rasch, wie wohl uns das tut: wieviel bewußter wir leben, wieviel harmonischer wir werden.

Das »Tue, was du tust« hat unmittelbar auch mit dem *Hier* und *Jetzt* zu tun. Denn wenn wir ganz bei dem sind, was wir gerade denken und tun, so ist es uns unmöglich, in der Vergangenheit zu haften oder in der Zukunft. *Jetzt* arbeite ich, *jetzt* fühle ich, *jetzt* bin ich da. Hier im »Tue, was du tust« verschmelzen wir mit der zeitlosen ewigen Gegenwart.

Wie sehr Zen und das »Tue, was du tust« mit dem *Hier* und *Jetzt* verschmelzen, mag auch das nachfolgende Mondo (Dialog zwischen Meister und Schüler) unterstreichen.

Eines Tages bat ein Mönch seinen Meister: »Bitte zeige mir das Wesen des Zen!« – Und der Meister sagte sofort: »Schau unter deine Füße!«

Das besagt nichts anderes als daß Zen niemals außerhalb von uns ist, sozusagen etwas Fremdes oder Imaginäres. Zen ist die Realität in uns in der Hinwendung zur Realität um uns. Zen ist die Einheit, die wir erfahren, wenn wir tun, was wir tun, und somit denken, was wir tun. Das *Hier* und *Jetzt*, der Augenblick, in dem wir uns so ganz erfahren und erfassen, das ist das Zeitlose und Ewige in uns.

Versuchen Sie also, den ganzen Tag über so zu handeln, daß *Sie wissen, was sie tun*. Das heißt mit anderen Worten: Arbeiten Sie systematisch daran, bei einer Sache voll und ganz zu sein, Ihre ganze Aufmerksamkeit, Ihr ganzes Sein da hineinzugeben. Denken Sie aber nicht darüber nach, ob sich das »lohnt«. Halten Sie nichts für unwichtig. Denn immer, wenn Sie in dieser Weise bei einer Sache sind, ist es gut. Und umgekehrt, wenn Sie nur mit halber Aufmerksamkeit bei einer Arbeit sind, wenn Sie etwas anderes denken als Sie tun, sind Sie auch nur halb da, sind halb-wach, zerrissen, gespalten.

Die Arbeit an uns im Sinne von »Tue, was du tust« füllt uns lange aus. Es ist eine Arbeit von Jahren. Denn sie zielt unmittelbar auf das Lassen des ICH (im Sinne von Ego). Wer tut, was er tut, indem er denkt, was er tut, wird mehr und mehr am kleinen ICH lassen, auch wenn er dies vielleicht zuerst gar nicht bemerkt. Auch wenn er dies zunächst gar nicht im Sinn hatte. Denn ICH und ES integrieren mehr und mehr. Das ist das Wesentliche. Und das bringt es zwangsläufig mit sich, daß das ICH langsam zurückfindet zu seinem ihm zugehörigen Platz. Sein Dominieren hört auf, es wird ein Teil des Ganzen.

Der ganze Mensch ordnet sich, indem er ganz wird. »Es« ordnet sich in ihm, wenn er in dieser Weise an sich arbeitet. So gesehen ist das »Tue, was du tust« ein Kernstück der SELBST-Findung.

Übung 14

In dieser Übung wollen wir uns mit dem Einschlafen beschäftigen.

Nicht schlafen können oder nicht durchschlafen können – das ist eine Zeitkrankheit geworden. Wer nicht schlafen kann, vertraut nicht. Wer nicht schlafen kann, ist zerrissen, kann sich nicht lassen. Wer nicht schlafen kann, der hat es nie gelernt, sich mit einer Sache zu befassen im Sinne von »Tue, was du tust«. Er ist im Ungleichgewicht. Nimmt einer seine Sorgen, beruflicher oder privater Art, mit hinein in sein Bett, so ist er im Zwiespalt mit sich: Der Körper soll schlafen, während die Gedanken nicht los-lassen können, das Grübeln und Sinnieren also weitergeht.

Schlafen ist Lassen. Schlafen ist Vertrauen. Schlafen ist Sichanheimgeben. Auch das muß erübt werden im Sinne des neuen Da-Seins.

Gehen Sie nie ungeordnet in den Schlaf. Schlafen bedeutet lassen. Das heißt: Nehmen Sie nichts mit an negativen Gedanken, an Sorgen und Kummer, an Problemen, Konflikten, an Wünschen und Wollen. Wenn Sie das alles lassen können, und sei es nur für diese eine Nacht, dann vertrauen Sie. Morgen, am nächsten Tag, können Sie sich wieder mit dem beschäftigen, was Sie bewegt. Aber in dem Augenblick, wo Sie sich entscheiden, ins Bett zu gehen, sollten Sie alles lassen – und schlafen.

Das »Sich-ordnen« beginnt zunächst körperlich:

Fühlen Sie sich da liegen, wenn Sie zu Bett gegangen sind. Wenn Sie zum Beispiel auf dem *Rücken* liegen,

spüren Sie immer zur Unterlage hin:
Ihr Becken,
Ihre Oberschenkel,
Ihre Kniekehlen,
Ihre Unterschenkel,
die Fersen,
und spüren Sie auch die Füße, die jedoch zur Unterlage keinen Kontakt haben. – Vom Becken gehen sie nach oben
den Rücken hinauf,
spüren die Arme von den Schultern hin zu den Händen
und zuletzt den Kopf.

Spüren Sie sich in Ihrer Ganzheit so daliegen. Erkennen Sie, daß sie sich *vertrauensvoll* auf das Bett einlassen, und kosten Sie dieses Da-Liegen im *Vertrauen* eine kleine Weile aus.

Eine Erweiterung dieser Fühlübung besteht darin, daß Sie sich danach zwei Tennisbälle (bereithalten, um nicht aufstehen zu müssen) unter das Kreuzbein nebeneinander legen oder je einen Tennisball je unter einen Sitzhöcker rechts und links im Gesäß. Kreuzbein oder Sitzknochen durch die Bälle hindurchfühlen, so als ob die Knochen durch die Bälle zur Unterlage könnten. Dies lenkt sehr gut vom Kopf ab und ist deshalb eine gute Einschlafhilfe.

Falls Sie es vorziehen, in der *Bauchlage* einzuschlafen, würden die Körperkontakte zur Unterlage so zu fühlen sein:

der Bauch,
die Leisten,

die Oberschenkel,
die Knie,
die Unterschenkel,
die Fußrücken,
der Oberkörper, vor allem Brustbein,
die Arme von den Schultern ausgehend zu den Händen,
die Kopfseite, die aufliegt.

Sehr gut ist es, in der Bauchlage die Hände unter die Leisten oder unter die Oberschenkel zu legen. Dann fühlen Sie bitte die Leisten bzw. die Oberschenkel (an der Auflagestelle) zu den Handinnenflächen und die Handrücken zur Unterlage.

Nach dieser Fühlübung in der Rücken- oder Bauchlage gehen Sie dazu über, sich geistig zu ordnen. Dieses geistige Ordnen ist immer ein die positiven Kräfte ansprechendes, forderndes Denken und Fühlen, verbunden mit dem Dank, daß die Dinge gut sind, wie sie *sind*. Und nicht, wie Sie sie vielleicht gerne *haben* möchten! Wem Sie danken wollen, hängt ganz von Ihrer religiösen bzw. weltanschaulichen Einstellung ab. Glauben Sie an einen personalen Gott, so danken Sie ihm. Glauben Sie an persönliches Schicksal oder Karma, so danken Sie in dieser Weise. Immer aber muß Ihr Dank aus vollem Herzen kommen, sozusagen aus Ihrer ganzen Wesenheit, ohne alle Einschränkungen von Wenn und Aber. Ein solches die positiven Kräfte ansprechendes Danken könnte ungefähr so lauten:

> Danke, daß ich hier liegen und mich fühlen kann.
> Danke, daß ich gesund bin.
> Danke, daß alles gut ist.

Die Sätze »Danke, daß ich gesund bin« und »Danke, daß alles gut ist« tragen die Prinzipien des Geistigen Heilens in sich. Sie werden nicht mehr oder minder oberflächlich einfach so gedacht, wie überhaupt in diesen hier vorgeschlagenen Übungen nichts »eben mal so gemacht« werden darf. *Vielmehr sollen diese Sätze mehrmals hintereinander mit aller Intensität, deren der Übende fähig ist, sozusagen mit Inbrunst aus der Tiefe heraus gedacht und gefühlt werden.*

Bei dem »Danke, daß ich gesund bin« wird nicht etwa davon ausgegangen, daß der Übende sich vielleicht nicht wohl fühlt oder gar krank ist. Sondern es steht der tiefe und unerschütterliche Glaube an die Gesundheit im Sinne von unsichtbarer Wirklichkeit, im Sinne von Göttlichem, im Sinne von Tao im Vordergrund und füllt den Menschen ganz und gar aus. So läßt er die positiven und dadurch heilenden Kräfte in sich zu und gibt den negativen und dadurch krankmachenden keinen Raum.

Dieses Denken erfordert sicherlich zuerst eine beachtliche Umstellung, denn es wirft alle heute allgemein geläufigen Überlegungen über den Haufen. Aber wer sich einmal voll tiefem Ernst damit auseinandersetzt und daran zu glauben beginnt, daß des Menschen Wahre Natur weder krank noch geteilt ist, es gar nicht sein kann, der beginnt auf den Weg seiner eigenen Gesundheit und Ganzheit zu kommen.

Der Satz »Danke, daß alles gut ist« ist das totale Annehmen der *Ist*-Situation. Es wird nicht darüber nachgesonnen, daß die Dinge im Augenblick vielleicht gar nicht so gut stehen, weder beruflich noch privat. Sondern es wird einzig und allein davon ausgegangen, daß die Dinge gut *sind,* wie immer sie sind. Nicht ICH will,

ICH wünsche, ICH mache. Sondern ich gebe mich anheim, indem ich annehme. Hier wird das *Haben* zum *Sein*. Indem die Dinge angenommen werden, wie sie sind, indem akzeptiert wird, daß sie gut sind, schwingt der Mensch sich ein in das große Ganze, das er vielleicht noch nicht übersieht, nicht versteht, von dem er aber unerschütterlich und fest glaubt, daß es ganz ist, heil, göttlich.

Wer die Dinge in diesem Sinne anzunehmen weiß, blokkiert sich nicht, sperrt sich nicht. Dadurch verursacht er kein neues körperliches und seelisch-geistiges Leiden. Wer annimmt, gibt nach. Wer annimmt, läßt am ICH. Das ICH stirbt, um sich im SELBST, in der Ganzheit wiederzufinden, um neu geboren zu werden. Wer annimmt, läßt sich hinein ins große *Vertrauen*, in die große *Geborgenheit*.

Daß diese Gedanken nicht neu sind, sollen drei Aussprüche aus der christlich-abendländischen und aus der östlichen Tradition zeigen.

> Augustinus sagt:
> »Liebe Gott und tu, was du willst.«
>
> Fast dasselbe sagt der alte Zen-Meister Bunan:
> »Stirb, während du lebst, und sei vollkommen tot.
> Dann tu, was immer du willst – alles ist gut.«
>
> Und Meister Ekkehart:
> »In Gott gibt es nicht Traurigkeit noch Leid noch Ungemach: Willst du ledig sein alles Ungemachs und Leides, so halte dich allein an Gott! Sicherlich, all dein Leid kommt nur davon, daß du nicht umkehrst in Gott.«

Allen dreien gemeinsam ist das Aufgeben des kleinen ICH, in dessen Verhaftung mit die größte Ursache von Leiden und Schmerz zu suchen ist. In dem Maße, wie ein Mensch zu lassen versteht, in dem Maße wird er weniger leiden. Er kann tun, was immer er will. *Es ist alles gut* für ihn, da er nicht mehr oder nicht mehr so sehr an seinem ICH haftet.

Zurück zum Einschlafen. Warum diese körperliche und vor allem auch die geistige Ordnung Ihrer selbst gerade am Ende des Tages, kurz bevor Sie in das andere Reich unseres Lebens: des Schlafes hinüberwechseln? Nicht nur wegen des »Abschaltens« vom Tagesgeschehen und wegen der damit verbundenen Beruhigung, die das Einschlafen als Voraussetzung hat. Auch aus dem anderen vielleicht noch wichtigeren Grund: Was Sie kurz vor dem Einschlafen in sich bewirken, das wirkt die ganze Schlafenszeit, die ganze Nacht über in Ihnen fort. Das heißt in Ihren unbewußten Tiefenschichten, in der Basis Ihrer Persönlichkeit. Und hier arbeitet es, ohne daß Sie sich darum zu bemühen brauchen, ganz im Sinn der Zielsetzung und der Anregungen dieses Buches im Schlaf weiter fort.

Im Schlaf stirbt das ICH einen zeitweiligen Tod, weil es ge-lassen werden muß, und sei es nur für Stunden oder für eine Nacht. Insofern ist das »Lernen« des richtigen Schlafenkönnens ein Hin-Üben auf das andere große *Lassen*, das die Reife und Vervollkommnung des Menschen bedingt.

Übung 15

Wer in dieser Weise einschläft, wird ein leichtes, freies, ja beglückendes Aufwachen haben. Denn die positiven und heilenden Gedanken wurden mit hinübergenommen in den Schlaf. Während das ICH ge-lassen und still ist, wirken die positiven und heilenden Kräfte im Unterbewußten weiter. Das ist der eigentliche Grund, warum niemand »ungeordnet« in den Schlaf hinübergehen sollte, und dies ist auch der Grund, warum das Aufwachen nach dem abendlichen So-Einschlafen oft geradezu beglückend ist. Da gibt es keinen »linken« Fuß, mit dem man aufsteht, da gibt es keine schlechte Laune und keine Angst vor dem neuen Tag. Denn aus einer so verbrachten Nacht wachsen dem Menschen die Kräfte zu, die er braucht, um wieder ganz da sein zu können.

Wer in dieser Weise an sich arbeitet und die Dinge am Abend »läßt« für eine Nacht, der stellt auch fest, daß oft die am Vortag nicht zu lösenden Probleme plötzlich klar vor ihm liegen. Der gordische Knoten hat sich während der Nacht von allein gelöst. Künstler, Schriftsteller, Gelehrte, Wissenschaftler kennen fast alle das Phänomen, daß am Morgen nach einem so beglückenden Aufwachen etwas »aus ihnen heraus schafft«, was sie fast nicht als das Ihre ansehen können. Die besten Einfälle, die spontansten Lösungen kommen oft buchstäblich »im Schlaf«, sozusagen »aus der Leere«, in die das ICH eingetaucht ist. Denn nur das ES arbeitet in der Nacht weiter, während das ICH ruht.

Wenn Sie aufwachen, so fühlen Sie sich als erstes wieder in Ihrem Bett liegen, ähnlich wie Sie es am Abend getan haben. Spüren Sie sich *vertrauensvoll* da liegen und nehmen Sie dann sogleich wieder Ihren Dank mit in Ihr Denken und Fühlen. Danken Sie für die Nacht, dafür daß Sie *da* sein dürfen, danken Sie für den Tag, der vor Ihnen liegt.

Nach diesen wenigen Minuten oder auch Sekunden, die dieses Fühlen und Danken braucht, strecken und rekken Sie sich, wie eine Katze, die gerade erwacht ist. Tendieren Sie in Ihrem Strecken *über* sich hinaus, das heißt, dehnen Sie sich so, als ob die Fersen, die Füße und dann die Zehen zu der unteren Wand und die Fingerspitzen zu der entgegengesetzten Wand hin könnten. Vielleicht wird Sie dann ein mächtiges Gähnen erfassen, so daß sie sich im Dehnen, Strecken und Gähnen loslösen können von allem Noch-Schlafen, bis Sie schließlich voll erfrischt, hellwach und ganz bereit sind aufzustehen.

Spüren Sie dann Ihre Füße im *Vertrauen* auf dem Fußboden, und wenn auch nur für einige Sekunden, bevor Sie Ihrer weiteren Beschäftigung nachgehen.

Für viele Menschen ist es sinnvoll, gleich nach dem Aufstehen einige kreislaufankurbelnde bzw. -fördernde Übungen zu machen. Was immer Sie da in Ihrem Programm haben, ob das Yoga-»Morgengebet« oder irgendwelche gymnastischen Übungen, machen Sie Ihre Übung ganz im Sinn des Da-Seins, das Sie sich in den »Übungen für den Alltag« bisher erarbeitet haben. Also: Fühlen und spüren Sie, *wie* Sie sich bewegen, *wie* Sie üben. Achten Sie darauf, daß Sie in jeder Bewegung, in jedem Atemzug *sind*. Es geht auch bei solchen schnelleren Übungen um ein neu zu erarbeitendes Inne-Sein, nicht um ein mehr oder weniger seelenloses »äußerliches« Sich-Bewegen. Wer »bei sich« ist, sich außen und innen fühlt, dasselbe denkt und tut, der ist auch beseelt. Er ist *da*.

Falls Sie in Ihrem Tagesprogramm noch keine kreislauffördernde Übung haben, die Sie jeden Morgen praktizieren, hier eine Anregung:

Beginnen Sie gleich nach dem Aufstehen, nachdem Sie Ihre Füße *vertrauensvoll* auf dem Fußboden gefühlt haben, sich am ganzen Körper zu klatschen. Fangen Sie am linken Fuß an, klatschen Sie mit beiden Händen kräftig den Unterschenkel hinauf, über das Knie, den Oberschenkel, den Bauch, die Hüfte, das Gesäß, nach oben über die Brust (an der weiblichen Brust Vorsicht, am besten ganz aussparen), dann mit der rechten Hand die linke Schulter und den linken Arm, mit den Händen aufeinander, und dann klatschen Sie den Weg wieder zurück, bis Sie unten am linken Fuß ankommen.

Stehen Sie dann still und horchen fühlend in sich hinein: Wie spürt sich die linke Seite an? Und wie die rechte? Wie strömt der Atem?
Darauf kommt die rechte Seite daran.

Wieder stehen Sie still und spüren ganz in sich hinein: Sind beide Seiten jetzt ausgeglichen? Wie fühlen Sie sich im ganzen?

Danach legen Sie sich die rechte Hand auf die linke Schulter, lassen sie dort gut anspüren und dann fühlend-spürend, immer im Hautkontakt, gleichsam zentimeterweise nach unten zur linken Hand gleiten. Es muß so sein, als ob Sie sich von den Schultern etwas »wegnehmen« und über den ganzen linken Arm, die Hand und die Finger »abstreichen« wollten. (3mal üben.) Nehmen Sie wahr, wie belebt Schulter, Arm und Hand dadurch werden.

Darauf kommt die rechte Seite daran. Sie legen also die linke Hand auf die rechte Schulter und streichen in derselben Weise zur rechten Hand hin.

Diese beiden Übungen sind, wenn richtig gemacht, eine hervorragende Kreislauf- bzw. sehr gute Fühlübung, die in ganz kurzer Zeit (das Ganze dauert höchstens 5 Minuten) viel bringen. Voraussetzung ist allerdings, daß Sie – wie bei all diesem Üben – *ganz* dabei sind. Es gibt sozusagen in diesen Minuten für Sie nichts anderes mehr, als daß Sie sich klatschen bzw. streichen. Das genügt. Schön ist es, wenn Sie diese Übungen nackt machen können. Sie fühlen dann noch mehr, müssen aber beim Klatschen etwas »zurückstecken«.

Beginnen Sie in dieser Weise den Tag, indem Sie ihn *vertrauensvoll* und *dankbar* annehmen, und indem Sie in jedem Augenblick fühlen, daß *Sie sind*. Dann wird es ein guter Tag werden. Sie werden jede Minute dieses neuen Tages durch Ihr totales Anwesend-Sein, durch Ihr Da-Sein, durch Ihr Durchdrungen-Sein sinnvoll leben können.

Übungen für die Stille

»Wer in sich selbst sein Glück und seine Freude findet und in sich selbst auch sein Licht, ist eins mit Gott. Die Seele, die Gott gefunden hat, ist befreit von der Geburt und vom Tod, vom Alter und vom Schmerz und sie trinkt das Wasser der Unsterblichkeit.«
(Bhagavad Gita)

Bei diesen Übungen steht im Gegensatz zu den »Übungen für den Alltag« das Sichzurücknehmen aus eben diesem Alltag, die Konzentration im Sinne von Sammlung des Geistes auf einen Punkt, das Stille-Werden, das Leer-Werden im Vordergrund. Erst in dieser Stille, in dieser Leere können wir Einblick nehmen in unsere Wahre Natur, die wir immer schon *sind*, die wir jedoch durch den Überhang unseres kleinen ICH nicht erkennen können. So kann Vivekananda sagen: »Während der Zeit der Konzentration ruht der Schauende im eigenen unveränderten Wesen« und C. G. Jung: »Bei Stillstellung und Inaktivität des Bewußtseins entsteht eine Aktivität des Unbewußten, wo alle differenzierten Funktionen ihre gemeinsame, archaische Wurzel haben.«

Die beiden Arten von Übungen, die hier angesprochen werden – *Zazen* (das Sitzen im Zen, in der Versenkung) und *Eutonie* (Lehre von der Wohlgespanntheit) – unterscheiden sich zwar in ihrer »Technik« voneinander. Doch ihr Wesen bedingt bei beiden dasselbe: Das Einen des Geistes auf einen Punkt und das körperlich-seelisch-geistige *Lassen*, das nichts anderes bedeutet als Abbau des Ego im Sinne der SELBST-Findung. Ist in der Eutonie das Lassen zunächst mehr im Körperlichen, so bei Zazen mehr im Seelisch-Geistigen. Von da aus wirkt es jeweils in die Ganzheit des Menschen hinein. Trotz ihres verschiedenen »Werkzeugs« stellen beide Techniken eine großartige Einheit dar.
Der Durchbruch zum eigenen Wahren Wesen, zum

SELBST und damit zum Absoluten Sein, der bei Zazen und Eutonie das letzte Ziel ist, ist jedoch nicht zu erreichen, wenn man »eben einmal übt« und dann auch wieder nicht. Es geht um Durchdrungen-Sein. Es geht darum, den Alltag, das Alltägliche in unserem Leben in einer neuen Weise zu durchleben, und eben deshalb wurde auch den »Übungen für den Alltag« hier ein so großer Raum gegeben. Die »Übungen für die Stille«, also das Sitzen und Üben am Boden, und die »Übungen für den Alltag« bedingen einander, also das Übersetzen, das Hineinnehmen der Stille und dessen, was in ihr geworden ist, in das tägliche Leben. Das eine ist nichts ohne das andere. Denn wir können nicht unser Leben in Meditation versunken sitzend verbringen, genausowenig wie wir unser Leben übend auf dem Fußboden verbringen können. Wir sind schließlich in diese Welt hineingestellt, an unseren Platz, um eben dieses Leben und unseren Platz voll und ganz auszufüllen, um dort zu reifen, um unser So-Sein, das wir übend erfahren, dort hineinzutragen.

Es geht um Durchdrungen-Sein. Wenn wir durchdrungen sind von jenem tief-inneren Wissen, daß wir *alles* in uns tragen und es nur zu entdecken haben, dann suchen wir nicht hier und dort nach neuen Erfahrungen, nach Lösungen für unsere Probleme, nach Hilfe aus unseren Ängsten, nach der Einheit, die wir erfahren möchten. Wir wenden uns nach innen und suchen es in uns, indem wir stille, indem wir leer werden. Hierfür gibt es eine schöne Geschichte aus dem Zen, die uns von Daisetz Teitaro Suzuki überliefert ist.

> Als ein Zen-Meister gefragt wurde, ob ein Mönch die Sutren (heilige Schriften) lesen solle, antwortete er im typischen Zen-Stil: »Es gibt hier keine Seitenstraßen und keine Querstraßen; die Berge sind das ganze

Jahr über frisch und grün; du kannst immer einen schönen Spaziergang machen – nach Osten oder Westen, ganz gleich in welche Richtung.« Der Mönch bat um deutlichere Anweisungen. Der Meister antwortete: »Die Sonne ist nicht schuld daran, wenn die Blinden ihren Weg nicht sehen können.«

Es geht um die absolute *Freiheit*, die der, der übt, in sich und um sich erfahren kann. Freisein, das bedeutet transparent sein für das Göttliche, das in uns ist, und das wir eben übend erfahren können. Diese innere Freiheit läßt alles Schöpferische in uns zu, all diese spontanen Gefühle und Impulse, die wir haben, aber nicht sein »dürfen«. Es ist die Freiheit, die uns selbst glücklich sein läßt, die zugleich die anderen, mit denen wir leben, am Glück teilhaben läßt.

So gesehen erfahren wir auch *Liebe*. Jene Liebe, die nicht im Ego verhaftet ist, jene Liebe, zu der wir hinreifen müssen, die durch uns hindurchströmen muß, um sich dann zu verströmen um ihrer selbst willen. Liebe zu *sein* ist das Schwerste, denn es setzt ein ge-lassenes ICH voraus. Liebe zu *sein* ist aber auch das Wichtigste und Beglückendste, denn in nichts anderem vermag der Mensch sich so einzuschwingen in das Absolute, in nichts anderem hat er so großen Anteil am Göttlichen, am Tao.

Diese absolute Seins-Wahrheit, in die wir langsam übend hineinzureifen vermögen, läßt uns unser Leben in einem neuen Sinn verstehen. Und läßt uns jede Minute in dieser *neuen Wirklichkeit*, in unserem neuen Da-Sein sinnvoll leben. Daisetz Teitaro Suzuki sagte einen Tag vor seinem Tod: »Wir wollen nicht vergessen, daß Zen immer danach strebt, uns die Wirklichkeit selbst unmittelbar erkennen zu lassen. Das bedeutet, die Wirklichkeit selbst zu sein, so daß wir mit Meister Ekkehart sagen können: ›Christus wird jede Minute in meiner Seele geboren‹ oder: ›Gottes Sein ist mein Sein.‹«

Wer das in der ganzen Tiefe zu verstehen vermag, oder wer auf den Weg kommt, dies zu verstehen, findet sich SELBST, ist eins mit sich und damit mit dem Grund seiner Seele, von dem Ekkehart sagt, daß er Gott sei.

Zazen

Zazen, die Meditation im Zen, in der Versenkung, ist für die meisten Menschen heute in ihrer Zerrissenheit, Unruhe, Unrast zunächst schwierig. Trotzdem, oder gerade deshalb, ist das Nach-und-nach-Stillwerden für eben diesen heutigen Menschen ein solches Erlebnis, daß ihm die tägliche Zazen-Übungszeit, wenn er erst einmal die etwas schwierige Anfangsphase durchgestanden hat, die liebste halbe Stunde am Tag wird. Die Sehnsucht nach dem ganz anderen bringt ihn dazu, wieder und wieder meditativ zu sitzen, bis er schließlich jenen Punkt erreicht hat, wo es kein Aufhören mehr geben kann: Zazen ist dann ein nicht wegzudenkender Bestandteil des Lebens geworden, im Alltag durch die Übung »Tue, was du tust« und in der Stille durch das Sitzen.

Tägliche Übungsdauer: Sie sollte anfangs 15–20 Minuten, später auch länger sein. Für die richtige Zeitdauer und den richtigen Zeitpunkt entwickelt sich beim konsequent Übenden je nach den gegebenen Möglichkeiten des Alltags bald ein gesundes Gefühl.

Sitzhaltungen: Die klassischen Sitzhaltungen wie der volle oder halbe Lotossitz sind für die meisten Menschen, die mit Zazen beginnen, zu schwierig.* Hier wollen wir uns auf die leichteren Sitzhaltungen beschränken, mit denen sich auch sehr gut Zazen üben läßt. Es kommt nicht so sehr darauf an, daß der Übende äußer-

* Näheres in: M.-L. und A. Stangl: Das Entspannungsprogramm, Econ Verlag

lich »perfekt« sitzt, sondern daß er sich ganz einbringt in die Übung und mit aller Intensität übt, deren er fähig ist. Es kommt darauf an, daß er mit äußerster Konzentration und doch ge-lassen sitzt.

Burmesischer Sitz: Von allen Sitzhaltungen mit gekreuzten Beinen ist diese die leichteste. Sie setzen sich auf ein 8–10 cm hohes festes Kissen auf den Fußboden (das Kissen kann gegebenenfalls auch höher sein), und zwar so, daß Sie mit Ihren Sitzhöckern möglichst weit vorne am Rand des Kissens sitzen. Einen Fuß ziehen Sie dicht an das Gesäß heran, den anderen legen Sie locker davor. Wichtig ist, daß die Knie den Boden berühren, daß sie also tiefer als das Becken sind. Ragen die Knie in die Luft, so wird der Rücken rund, der Bauch eingezwängt, die Stabilität ist nicht so, wie sie sein sollte. Sollte es Ihnen unmöglich sein, die Knie auf den Boden zu bekommen, dann wählen Sie einen anderen Sitz.

Hocksitz (seiza, suwari): Dies ist die traditionelle japanische Art zu hocken. Knien Sie so nieder, daß die Knie ungefähr zwei Faustbreit voneinander entfernt sind, und setzen Sie sich dann auf die Fersen nieder. Die Füße sind lang ausgestreckt. Die Zehen können ineinandergelegt oder lang gestreckt werden. Zwischen Gesäß und Fersen kann gegebenenfalls eine Decke oder ein Kissen gelegt werden. Zu empfehlen ist das Abwechseln dieses Sitzes mit dem burmesischen Sitz.

Sitzen auf dem Stuhl: Setzen Sie sich ziemlich vorne auf den Rand eines Stuhls, dessen Sitzfläche eben sein sollte. Um die Knie tiefer zu bekommen als das Becken, kann auf den Stuhl ein Kissen oder eine Decke gelegt werden. So hat der Leib die Atemfreiheit, die er bei Zazen braucht. Die Beine stehen im rechten Winkel zum Fußboden im Sitzhöckerabstand zueinander, die Füße stehen fest auf dem Fußboden (parallel).

Bei allen Sitzhaltungen gleich ist
– das Sich-Niederlassen im Bauch-Becken-Raum (japanisch Hara)
– die Bauchfreiheit (also Knie mindestens etwas tiefer als das Becken)
– der aufrechte Rücken
– das leicht angezogene Kinn (also Scheitel gut nach oben spüren)
– die ineinander gelegten Hände (die linke Hand ruht in der rechten, Daumen berühren sich leicht)
– die leicht geöffneten Augen (Blick ungefähr 1 m voraus auf den Boden richten).

Setzen Sie sich morgens oder/und abends, oder wann Sie sich üblicherweise zurückziehen können, in den von Ihnen gewählten Sitz und spüren Sie zunächst, *wie* Sie sitzen. Fühlen Sie also Ihren Bauchbecken-Raum, vor allem das Kreuzbein, dann:
die Beine und Füße,
den Oberkörper,
die Arme,
den Kopf.

Erst dann, wenn Sie so im ganzen gut *da* sind, beginnen Sie, in Gleichmut Ihr Denken auf einen Punkt zu sammeln, um – wie man in Asien gern sagt – »die tanzenden Affen der Gedanken« loszuwerden. Das Ziel bei Zazen ist zunächst die Gedankenleere. Zum Wort »Leere« sind vielleicht noch einige erklärende Worte nötig, da es oft, vor allem von Menschen christlicher Tradition und Prägung, falsch verstanden wird.
Leere im Sinne von Zen heißt nicht, daß die Leere »leer« ist. Es heißt vielmehr, daß die Leere die eigentliche Fülle in sich birgt. Leere, das bedeutet leer sein vom kleinen ICH (Ego), von allen Vorstellungen und Bildern, von Wünschen, vom Wollen und von Begierden. Es ist die

Leere, wie auch Meister Ekkehart sie versteht, wenn er sagt:

> »Laß es dir gesagt sein:
> Leer sein alles Erschaffenen, heißt Gottes voll sein, und erfüllt sein von dem Erschaffenen, heißt Gottes leer sein.«

Erst in dem Maße, wie der Mensch sein ICH lassen kann als den Inbegriff alles Erschaffenen, erst in dem Maße findet er zurück zu seiner Wahren Natur, die immer göttlich ist.

Hier im Zazen, im Sitzen, beginnt also der totale Reduktionsprozeß, der die Zen-Übung ausmacht. Sitzen und den Atem zählen. Mehr ist nicht gefragt. Es ist nichts, und doch *alles*. Denn dieser Vorgang zielt unmittelbar in das Tiefste und Innerste des Menschen. Schicht um Schicht des kleinen egohaften ICH ist abzubauen, sozusagen wie man einen Baum Schicht um Schicht schält, um zum innersten Kern, der kostbar ist, zu gelangen. Hier wird das Wort von Buddha »Seid Lampen für euch selbst« verständlich. Denn wer so Schicht für Schicht, Ring für Ring seines ICH hinter sich läßt, gleichsam fortwirft, und so sein SELBST, das Göttliche, das Tao in sich findet, der fängt aus diesen tiefsten Schichten an zu leuchten.

Daß das die Arbeit von Jahren, ja die Arbeit eines Lebens sein kann, mag niemand verwundern. Trotzdem soll dies niemand entmutigen oder gar davon abhalten, mit dieser Arbeit zu beginnen. Denn es kommt nur darauf an, auf dem *Weg* zu sein.

Denselben Sinn wie das Buddha-Wort »Seid Lampen für euch selbst« hat auch die uns im Lukas-Evangelium

(17, 20/21) überlieferte Antwort Jesu auf die Frage der Pharisäer, wann das Reich Gottes komme: »Das Reich Gottes kommt nicht nach äußerer Berechnung, und man kann nicht sagen: Hier oder dort ist es. Denn das Himmelreich ist in euch.« (Noch deutlicher wird das, um was es geht, in der wörtlichen Wiedergabe aus dem griechischen Urtext, die auch der Original-Lutherschen Übersetzung zugrunde liegt: »Das Reich Gottes ist inwendig in euch.«)

Beginnen Sie, wenn Sie sitzen und sich zunächst selbst gefühlt haben, Ihre Gedanken, die »tanzenden Affen«, zu sammeln auf einen Punkt hin. Dieser eine Punkt ist *Ihre geistige Sammlungshilfe:* das Atemzählen oder das Arbeiten mit einem Wort im Sinne eines Koan. (Darüber demnächst Genaueres.) Wenn Sie allein, also ohne Lehrer (Meister) üben, so bleiben Sie zunächst wohl am besten beim Atemzählen, wie es gleich geschildert wird, und fangen erst nach einiger Zeit an, mit einem Wort zu arbeiten. Auf alle Fälle sollten Sie bei *einer* Sammlungshilfe bleiben, also nicht etwa bei jeder Sitzung mit einer anderen Hilfe arbeiten. Denken Sie daran, daß Zazen Identifikation ist. Wenn Sie zum Beispiel im Sinne dieses Buches mit dem Wort *Vertrauen* arbeiten, so ist das sicher keine Übung von wenigen Wochen, sondern von Monaten oder Jahren.

Die klassische Sammlungshilfe ist *das Atemzählen*, das in japanischen Zen-Klöstern und auch in westlichen Zen-Zentren fast jedem Beginnenden empfohlen wird. Der Atem wird wie folgt gezählt:

Einatmen – eins
Ausatmen – zwei
Einatmen – drei
Ausatmen – vier

und so fort bis zehn. Dann wird wieder von vorne begonnen. Das Zählen darf jedoch nicht automatisch geschehen. Sondern es ist ein Zählen gemeint, in das Sie sich in Ihrer ganzen Wesenheit einbringen. Wenn Sie »eins« zählen, so *sind* Sie eine *Eins*. Wenn Sie »zwei« zählen, so *sind* sie eine *Zwei*. Kein anderer Gedanke, keine andere Regung sollte in Ihnen hochkommen können als eben dieses Zählen.

Wenn Sie das so lesen, erscheint Ihnen vielleicht das Atemzählen als eine sehr einfache, um nicht zu sagen kindische Übung. Aber wer auch nur ein einziges Mal so gesessen hat, der weiß, wie schwer es ist, seine Gedanken auf diesen einen Punkt hin zu sammeln und die Sammlung auch zu halten. Immer wieder schweift man ab, immer wieder kommt Unruhe auf, bedingt durch Schmerzen in den Beinen oder im Rücken, bedingt durch Probleme und Gedanken, die man nicht lassen kann. Wann immer Sie jedoch abschweifen und sich dabei ertappen, ärgern Sie sich nicht darüber. Beginnen Sie einfach wieder von neuem mit aller Intensität von eins ab zu zählen.

Und werten Sie Ihre Sitzung nie etwa in dem Sinn von »Heute war es wirklich gut« oder »Heute konnte ich mich gar nicht konzentrieren, besser ich hätte nicht gesessen«. Es kommt nicht darauf an, daß Sie gut oder schlecht sitzen, denn es gibt hier kein gut und schlecht. Es kommt einzig und allein darauf an, *daß* Sie sitzen und sich bemühen, sich ganz einzubringen. Machen Sie sich frei vom Werten und Be-Werten – und das nicht nur, was Ihre Sitzung anbelangt.

Eine Variante des Atemzählens, die besonders empfohlen werden kann, ist *das Zählen des Aus-Atems.* Der Ein-Atem wird also gleichsam gar nicht registriert. Einzig der Ausatem wird gezählt mit eins, der zweite mit zwei und so fort. Der Aus-Atem ist *Lassen*. Und da das Lassen dem westlichen auf Leistung und Machen getrimmten Menschen am schwersten fällt, ist diese Art des Atemzählens für ihn besonders günstig.

Eine weitere Hilfe für die Konzentration ist *das geistige Verfolgen des Atems.* Sie sitzen da und »schauen« gleichsam innerlich Ihrem Atem zu, wie er kommt und geht. Diese an sich sehr gute Übung ist aber besonders schwer, und zwar deshalb, weil der durchschnittliche westliche Mensch, wenn er seinem Atem zuschaut, sehr leicht geneigt ist, in ihn willentlich einzugreifen, das heißt also ihn zu »machen«. Es gehört schon eine große Ge-Lassenheit dazu, diese Übung »richtig« zu machen im Sinne von Zuschauen, Gewährenlassen.

Die nächste Hilfe für die geistige Sammlung ist das *Koan*. Sowohl in japanischen Zen-Klöstern wie auch in westlichen Zen-Zentren wird viel mit dem Koan gearbeitet. Das Koan ist eine Art Rätselsatz (Beispiel: »Wenn dein Geist nicht im Zwiespalt von Gut und Böse weilt, was ist dann dein ursprüngliches Antlitz, bevor du geboren warst?«), der mit Verstandesarbeit, mit dem Intellekt nicht zu lösen ist. Im Gegenteil: »Das Koan dient vornehmlich dazu, alle nur möglichen Zugänge zum Rationalismus zu versperren.« Es muß mit dem ganzen Sein erfaßt werden. Der Übende muß sich damit identifizieren. Er muß davon ergriffen werden in der Ganzheit seines Wesens. »Dieses Anrennen unseres tiefsten Wesens gegen das Koan öffnet unerwartet einen bisher unerkannten Bezirk des Geistes. Intellektuell bedeutet dies die Überschreitung der Grenzen des logischen Dualismus, aber gleichzeitig ist es eine Wiedergeburt, das Erwachen eines inneren Sinnes, der uns befähigt, in das tatsächliche Zusammenwirken allen Geschehens zu schauen.« (Suzuki).

Da das Arbeiten mit einem Koan jedoch einen Lehrer (Meister) bedingt, wollen wir hier darauf verzichten, es genauer zu schildern.

Anstatt eines Koan könnte hier die Arbeit mit einem Wort im Sinne der Zielsetzung dieses Buches stehen: *die Identifikation mit Vertrauen.* Wenn Sie also weder den Atem auf eine der hier beschriebenen zwei Arten zählen noch den Atem geistig verfolgen wollen, oder dies genug geübt haben, so können Sie sitzen mit *Vertrauen*. Insofern können Sie die »Übungen für den Alltag«, die ja alle in *Vertrauen* einmünden, wesentlich unterstützen.

Mit Vertrauen sitzen heißt nicht, daß Sie über dieses Wort in irgendeiner Form nachdenken, weder darüber, was es beinhaltet, noch was es für Sie persönlich bedeuten mag. Mit Vertrauen sitzen heißt einfach mit Vertrauen sitzen. Sie nehmen gleichsam dieses Wort mit jedem Atemzug tiefer und tiefer in sich hinein. Mit Vertrauen lassen Sie den Einatem zu und lassen sich mit Vertrauen in den Bauch-Becken-Raum (Hara) hinunter. Mit jeder Sitzung gewinnen Sie mehr und mehr an Vertrauen, bis Sie sich schließlich in Ihrer Ganzheit mit Vertrauen identifizieren, bis Sie schließlich *Vertrauen sind*.

Es gibt viele andere Worte, die anstatt Vertrauen als ein solches modifiziertes westliches Koan, das ohne Lehrer (Meister) zu erarbeiten ist, genommen werden können. Im Sinne dieses Buches ist es jedoch das beste. Wenn Sie in dieser Weise geübt und sich mit Vertrauen identifiziert haben, so werden Sie auch wissen – gemeint ist ein tiefinneres, intuitives Wissen, das weit mehr als das intellektuelle Wissen ist –, wie Sie weiter an sich zu arbeiten haben. Denn wenn Sie *Vertrauen sind,* dann haben Sie sich, also Ihr ICH ganz gelassen, sich, also Ihr ICH anheimgegeben, Ihr ICH im Sinne von Ego gleichsam fortgeworfen, und haben dadurch Ihr Wahres Wesen erkannt. Welche Arbeit dann weiter nötig sein wird – das Üben, das vertiefende Üben hört nie auf –, werden Sie dann von allein wissen.

Eutonie

Für die nachfolgenden Eutonie-Übungen brauchen Sie eine warme Decke und zwei Tennisbälle. Alle Übungen sollten auf dem Boden und nicht im Bett ausgeführt werden. Jeder Mensch braucht den Boden, wenn er an seiner Stabilität, seiner Ruhe, seinem Vertrauen und seiner Geborgenheit arbeiten will. Wer bettlägerig ist, übt natürlich wie er kann.

Eine *Zeitdauer für die Übungen* anzugeben ist schwierig. Der eine übt langsam, der andere schneller. Ein Geübter kann in wenigen Sekunden durch seinen Körper hindurchgehen, wozu ein Beginnender vielleicht eine halbe Stunde braucht. Um wenigstens ein ungefähres Maß anzugeben, sind alle Übungen in Abschnitte unterteilt. Jeder Abschnitt nimmt bei durchschnittlichem Übungstempo etwa fünf Minuten in Anspruch.

Der zweite Grund, warum die Übungen unterteilt sind: Falls Sie allein üben, so müssen Sie ja am Anfang die Übung durchlesen. Vielleicht fällt es Ihnen schwer, die *ganze* Übung auf einmal zu behalten. Deshalb ist sie unterteilt. Sie lesen mit ungeteilter Aufmerksamkeit einen Abschnitt durch, erüben ihn, lesen den zweiten durch und arbeiten so weiter. Dies ist zweifellos keine Ideallösung. Doch wenn Sie eine Übung einige Male gemacht haben, so werden Sie sie nicht mehr nachlesen müssen. Und später brauchen Sie überhaupt keine Buchvorlage mehr, denn Sie wissen von allein, wie Sie zu üben haben und was Ihnen jetzt gut tut.

Falls Sie einen Partner zum Üben haben, kann er Ihnen die Übung langsam vorlesen. Sie vollziehen sie dann nach. Beim Vorlesen liest der Partner einen Satz oder kleinen Abschnitt und gibt Ihnen dann etwas Zeit, damit Sie das Gehörte in sich erfahren können. Dieses Zusammenarbeiten erfordert natürlich eine gute Übereinstimmung der beiden Partner.

Übung 1

Rückenlage. Arme liegen locker neben dem Körper. Hände halten die Tennisbälle.

Spüren Sie zunächst Ihr Becken, vor allem das Kreuzbein, am Fußboden.
Dann gehen Sie in Ihrem Fühlen weiter zu Ihrem rechten Oberschenkel und fühlen ihn in seinem Kontakt oder Abstand zum Fußboden.
Weiter zu Ihrer Kniekehle,
zu Ihrem Unterschenkel
und zu Ihrer Ferse. Erkennen Sie die Form der Ferse und wie sie am Boden aufliegt.
Dann suchen Sie eine Verbindung von der Ferse zu ihrer großen Zehe, und von der Ferse zu den anderen vier Zehen, so daß Sie schließlich die ganze Fußsohle im Sinn haben.

Da die Fußsohle keinen Kontakt mit dem Boden hat, versuchen Sie nun, die Sohle zur Wand hin spüren zu lassen. Suchen Sie also mit der rechten Fußsohle eine Verbindung zu der Wand, zu der die Sohle hinschaut. Es muß so sein, als ob die Fußsohle sich dort an der Wand »anlehnen« könnte.

Spüren Sie dann Ihr ganzes rechtes Bein auf einmal da liegen: vom Becken abwärts den Oberschenkel, das Knie, den Unterschenkel, den Fuß mit seiner Fühlungnahme zur unteren Wand.

Vergleichen Sie jetzt dieses rechte Bein mit Ihrem linken und stellen Sie fest, ob es einen Unterschied im Fühlen gibt und welchen.

Üben Sie dann auf dieselbe Weise links.

Wenn auch das linke Bein so geübt hat, spüren Sie beide Beine auf einmal da liegen.
... Hier kann die Übung unterbrochen werden...

Spüren Sie nun vom Becken aus aufwärts Ihren Rükken. Erkennen Sie, wo Ihr Rücken aufliegt, und wo er keinen Kontakt zum Boden hat,
wie breit der Rücken ist,
wo Sie eventuell Schmerz und Verspannungen fühlen,
wie weit die Halshaut vom Boden entfernt ist.
Spüren Sie dann den Kopf da liegen, so als ob er sich gleichsam ganz lassen möchte, sozusagen sich in den Boden hineinbetten wollte.

Dann erspüren Sie die rechte Schulter am Boden und fühlen von dort aus:
den rechten Oberarm in seinen Kontakten zum Boden,
den Ellbogen,
den Unterarm
und die Hand, die den Ball hält. Spüren Sie die Hand und jeden Ihrer Finger um den Ball. Um noch mehr zu fühlen, können Sie den Ball etwas drücken, so als ob die Finger in den Ball »hinein« wollten. Dann wieder locker lassen.

Vergleichen Sie Ihren rechten Arm nun mit dem linken und fragen Sie sich, ob Sie einen Unterschied erkennen und wenn ja welchen.

Üben Sie dann von der linken Schulter ausgehend genauso mit dem linken Arm und der linken Hand.

Spüren Sie anschließend beide Arme gleichzeitig.

Und spüren Sie sich dann im ganzen da liegen, vom Kopf über die Schultern und Arme, Oberkörper, Bekken, Beine und Füße in ihrer Beziehung zu der Wand, zu der sie hinschauen.

Danach fangen Sie an, sich zu strecken: Tendieren Sie zunächst mit Ihren Fersen so zu der unteren Wand, als ob die Fersen dort »durch« wollten, die Wand durchstoßen wollten. Erst dann nehmen Sie auch die Arme und Hände zu Hilfe und recken, strecken, dehnen sich, immer in Tendenz zu den Wänden, die Sie umgeben. Wahrscheinlich wird nun im Dehnen und Strecken auch ein großes Gähnen anheben, das Sie ruhig zulassen sollten.

Wenn Sie sich richtig gedehnt und gestreckt haben, sollten Sie nun frisch und ausgeruht, nicht etwa schläfrig und müde sein.

Übung 2

Eine sehr wirksame Variante zu der Übung 1 ist es, wenn Sie Ihre Tennisbälle *nach dem ersten Abschnitt*, also nach Becken-, Bein- und Fußarbeit, nebeneinander unter das Kreuzbein legen. Das Kreuzbein ist die starre Verlängerung der beweglichen Wirbelsäule. Es besteht ursprünglich aus fünf Wirbeln, die jedoch miteinander verwachsen sind. Da das Kreuzbein nach hinten den Bauch-Becken-Raum abschließt, ist es für das Bewußtwerden des Hara-Raumes und damit auch für das bewußte Da-Sein von größter Wichtigkeit.

Fühlen Sie nun Ihr Kreuzbein gleichsam »durch die Bälle hindurch« in Richtung Boden. So, als ob sich Ihr Kreuzbein durch die Bälle hindurch und sich dann auf den Boden niederlassen könnte. So fühlend bleiben Sie einige Minuten liegen. Dabei haben Sie nichts im Sinn als eben dieses Spüren des Kreuzbeins.

Dann nehmen Sie die Bälle wieder in die Hände. Spüren Sie nach, wie Ihr Kreuzbein sich jetzt anfühlt, und welche Empfindungen Sie dort haben.

Erst dann beginnen Sie mit dem *zweiten Abschnitt der Übung 1*. Die Übung 2 ist also in die Mitte der Übung 1 hineingeschoben. Sie können sie jedoch auch einmal gesondert üben, was jedoch für den Anfang nicht zu empfehlen ist.

Übung 3

Dies ist eine weitere sehr wirkungsvolle Variante der Übung 1.

Machen Sie die Übung 1 ganz, also üben Sie sowohl Abschnitt 1 wie auch Abschnitt 2. Sie spüren sich demnach in Ihrer Ganzheit zum Boden hin.

Danach, jedoch *vor dem Dehnen und Strecken*, kommt die Erweiterung des Übens:

Legen Sie einen Tennisball unter Ihren Hinterkopf. Fühlen Sie die Auflagestelle des Hinterkopfes durch den Ball hindurch zum Boden hin bzw. etwas in den Boden hinein in Richtung schräg nach hinten unten, also nicht fußwärts, sondern entgegengesetzt. Es muß so sein, als ob ein Zuviel an Spannung und gegebenenfalls an Schmerz von Ihnen ab und durch den Ball in den Boden abfließen könnte. Verharren Sie in diesem Fühlen eine kleine Weile (ungefähr 1–2 Minuten).

Danach legen Sie den zweiten Tennisball unter Ihr Steißbein. Das Steißbein ist das starre Ende der Wirbelsäule, das sich an das Kreuzbein nach unten hin anschließt. Es ist ein länglich geformter, unten ganz schmal werdender Knochen, der aus vier zusammengewachsenen »falschen« Wirbeln besteht. Es erstreckt sich von unterhalb des Beginns des Gesäßspalts bis knapp oberhalb des Afters.

Fühlen Sie nun Ihr Steißbein durch den Ball hindurch zum Boden hin bzw. etwas in den Boden hinein in Richtung schräg nach unten, also fußwärts. Es kann durchaus sein, daß das Aufliegen des Steißbeins auf dem Ball zunächst mehr oder weniger schmerzhaft ist. Halten Sie sich nicht an Ihrem Schmerz fest, sondern lassen Sie ihn gleichsam von Ihnen ab durch den Ball in den Boden abfließen. Bleiben Sie in diesem Fühlen eine kleine Weile oder eben so lange, wie Sie das ohne allzu große Schmerzen auszuhalten vermögen.

Stellen Sie dann eine Verbindung her von dem einen Ball unter Ihrem Hinterkopf zum anderen Ball unter Ihrem Steißbein.

Jetzt nehmen Sie den Ball, der unter Ihrem Steißbein liegt, heraus und spüren gut nach.

Dann entfernen Sie auch den Ball, der unter Ihrem Kopf liegt. Legen Sie den Kopf sozusagen behutsam wie ein rohes Ei fühlend-spürend auf den Boden zurück und nehmen wahr, wie er dort ankommt.
... Hier kann die Übung unterbrochen werden...

Sollten Sie nach Ihrer Meinung nun genug geübt haben, so käme jetzt das ausgiebige Dehnen und Strecken.

Wenn Sie die Übung noch etwas ausdehnen möchten, so können Sie jetzt versuchen,
von der vorherigen Ball-Auflagestelle am Kopf, die Sie jetzt noch gut im Spüren haben, einen Weg zu finden zu Ihrem Steißbein, und zwar so, daß Sie sich in den Kopf eintasten und im Körperinnenraum über:
die 7 Halswirbel,
die 12 Brustwirbel,
die 5 Lendenwirbel,
das Kreuzbein
hingelangen zu Ihrem Steißbein. Dieses Hinunterfühlen vom Kopf zum Steißbein können Sie 2–3mal wiederholen. Beginnen Sie jedoch immer von oben und arbeiten Sie nach unten hin.

Jetzt kommt das Dehnen und Strecken, das jede Übung beenden sollte.

Wichtig ist bei dieser Übung 3, daß die Übung 1 als Vorbereitung gut ausgeführt wurde.

Sollten Sie wenig Zeit haben, so machen Sie wenigstens den ersten Abschnitt der Übung 1, *diesen aber unbedingt*! Denn die Bein- und Fußarbeit ist nötig und wichtig, bevor mit dem Üben an den Kopf gegangen wird.

Übung 4

Diese Übung zielt vor allem auf das Lösen der verspannten Nacken- und Schultermuskulatur. Die unbewußte Fehlhaltung der meisten Menschen (ihre Angst, ihre Unsicherheit, ihre falsche Lebensweise) drückt sich ja gerade in den hochgezogenen Schultern und in den verkrampften Nacken- und Schultermuskeln aus. Hier zu lösen bedeutet nicht einfach ein Entkrampfen im nur physischen Sinn. Es bedeutet bei der Ganzheit des Menschen gleichzeitig Lösen in der verkrampften hypertrophen Ego-Haltung, die fast immer die psychische Voraussetzung der körperlichen Verspannung ist. Ein nur körperloses Loslassen oder Lösen gibt es nicht; es spielt immer in den seelisch-geistigen Bereich hinein. Genausowenig gibt es ein nur seelisch-geistiges Loslassen oder Lösen; es wird sich immer im Physischen ausdrücken.

Wenn wir also in dieser Übung an das Lösen der verkrampften Schultern und des verhärteten Nackens gehen, so wirken wir über die körperliche Lösung unmittelbar ein auf das Lassen im ICH (im Sinne von Ego). Dies ist ein schmerzvoller Prozeß, sowohl äußerlich wie innerlich.

Der Ausgangspunkt dieser Übung 4 *ist wiederum die Übung 1*. Wenn Sie sich Zeit lassen können, so üben Sie diese gänzlich in ihren zwei Abschnitten. Wenn Sie weniger Zeit haben, so erarbeiten Sie *wenigstens den 1. Abschnitt. Er ist unbedingte Voraussetzung* für das nachfolgende Üben, denn erst das gute Da-Sein in den Beinen und vor allem in den Füßen ermöglicht uns das wirkungsvolle Einwirken im Schulter-Nacken-Bereich. Sollte Ihnen die nachfolgende Übung in irgendeiner Weise nicht gut tun, sollten Sie zum Beispiel Kopfschmerzen bekommen, so war Ihre Bein- und Fußarbeit noch nicht intensiv genug. In diesem Fall hören Sie sofort mit dem Üben an den Schultern auf und spüren Ihre Fußsohlen wieder in ihrer Beziehung zur unteren Wand.

Nachdem Sie die Übung 1 in beiden Abschnitten oder wenigstens im ersten Abschnitt gemacht haben, legen Sie sich je einen Tennisball unter die rechte und linke Schulter, und zwar so, daß sie unter die Muskulatur zu liegen kommen. Fühlen Sie die Auflagestellen gut durch in Beziehung zum Boden und lassen Sie in Ihrer Vorstellung alle Verhärtungen, Verspannungen und eventuellen Schmerz dort durch die Bälle in den Boden abfließen. In diesem Spüren bleiben Sie eine kleine Weile liegen.

Dann verändern Sie etwas die Lage der Bälle, entweder mit den Händen oder durch Verschieben des Beckens mit Hilfe der Füße. Suchen Sie also neue Kontakte und fühlen dort wieder neu durch.

Sie können dies so oft wiederholen, bis die ganze Schulterpartie bis hin zum Nacken, jedoch nicht die Wirbelsäule selbst, durchgearbeitet worden ist.

Dann versuchen Sie, einen Arm locker ausgestreckt nach hinten auf den Boden (neben den Kopf) zu legen. Bleiben Sie weiter im Durchfühlen durch die Bälle und lassen Sie allen Schmerz, der eventuell auftritt, alle Verspannungen und Verkrampfungen durch die Bälle abfließen. Auch die Fingerspitzen, die nun zur hinteren Wand hin tendieren, können hier ableiten helfen, gleichsam so, als ob Verspannungen durch den Arm, durch die Hand und durch die Finger abfließen würden. Ebenso kann das in den Scheitel gelenkte Bewußtsein helfen, ein Zuviel an Spannung und eventuellem Schmerz abzulassen. Machen Sie sich immer wieder bewußt, daß durch dieses Üben etwas in Fluß, in Bewegung, ins Strömen kommt. Denn Schmerz ist nichts anderes als »der Schrei des Gewebes nach Energiedurchflutung«. Dem Strömen sollten Sie sich also nicht entgegenstellen, sondern es unterstützen durch Ihr Lassen. Dazu gehört auch das Lassen eines Schmerzes.

Jetzt wird auch noch der zweite Arm nach hinten auf den Boden neben den Kopf gelegt. In der gleichen Weise wird durchgefühlt bzw. abgeleitet. Sollte es Ihnen zuviel sein, mit beiden Armen gleichzeitig so zu üben, dann nehmen Sie den bereits durchgearbeiteten Arm wieder hinunter und legen ihn neben den Körper.

Auch wenn Ihre Arme neben dem Kopf liegen, sollten Sie immer wieder neue Kontakte der Schulterpartie mit den Bällen suchen und von neuem durchfühlen.

Zum Schluß die Arme herunter-, die Bälle herausnehmen und gut nachspüren.

Anschließend gutes Dehnen und Strecken.

Schlußwort

Wenn Sie dieses Buch nicht nur gelesen haben im Sinne des oberflächlichen Anhäufens von bloßem Wissen, sondern wenn Sie es erübt haben, so sind wir zusammen ein Stück Wegs gegangen:

– Inmitten unseres Alltags, der mit Unrast und Lärm, mit Hetze und Streß angefüllt ist bis zum Rand, haben wir Ruhe, Stille, Vertrauen, Geborgenheit gefunden;

– inmitten unserer Welt, in der immer mehr nur der Verstand und die Leistung betont werden und die mehr und mehr nur noch einseitigen Intellektualismus bietet und verlangt, sind wir eingetaucht in die unendliche Welt des Empfindens und Fühlens, des Tastens und inneren Schauens;

– inmitten unserer Zeit, in der das rein Menschliche mehr und mehr verkümmert, sind wir uns einer neuen Mit-Menschlichkeit bewußt geworden, die ihre Wurzeln nur im zunehmenden Lassen-Können unseres eigenen Ego haben kann.

Wir haben uns auf diesem Weg gemeinsam auf Unbekanntes eingelassen. Wir haben gemeinsam neue Erfahrungen gemacht. Der Segen der Stille, die Sammlung des Geistes, in der das Bewußte zur Ruhe kommen konnte, das Unbekannte, Unwägbare, Unberechenbare haben uns in einer neuen Weise uns selbst erleben und erfahren lassen. Dieses Bewußtwerden unser Selbst, dieses Erspüren unseres eigenen Seins mündet ein in ein neues Selbst-Verständnis, das jenseits allen rationalen Gehalts liegt. Es läßt uns das Leben in einem neuen und tiefen Sinn, sozusagen aufgehellt bis ins Letzte, bis auf den Grund, erleben und verstehen.

Die Stufen der Erfahrungen gehen zunächst über das Körperliche hin zum Seelisch-Geistigen. Je mehr wir uns unseres Körpers in dem Sinne von ICH BIN bewußt werden, um so mehr erfahren wir uns nicht nur am Körper, sondern auch in unserer Seele. Wenn der Schwerpunkt, den wir bisher im Kopf hatten, hinunter-gelassen wird in den Bauch-Becken-Raum (Hara) und in die Bein- und Fußräume, so kommt uns von dort eine neue Verankerung, Verwurzelung und dadurch eine ganz neue Lebenskraft, Vitalität, Festigkeit, Stehvermögen, Durchsetzungskraft zu. In dem Maße, wie wir uns in diesen Wurzelraum unseres Daseins hinunterlassen können, in dem Maße werden wir freier und natürlicher, lebendiger und empfindsamer, gleichzeitig gefestigter und gelassener.

Aus dem *Lassen* kommt das *Sein*, kommt die Gelassenheit. Doch ist dies keine falsche Gelassenheit, die sich in einer Art Weltenferne und Passivität zurückzieht aus diesem Leben. Im Gegenteil. Erst die im Wurzelraum des Da-Seins verankerte Gelassenheit ermöglicht jene echte, konzentrierte Kraft der Gesamtpersönlichkeit, die das tut, was zu tun ist: schnell, entschlossen, sicher. Ein solcher Mensch ist immer ganz *da*. Er ist anwesend. Er ist präsent. Und aus dieser seiner Präsenz heraus denkt und handelt er.

Doch das ist nur die eine Seite des Lassens und der Gelassenheit. Lassen bedeutet noch mehr. Es bedeutet das Freiwerden von allen ICH-haften Fixierungen, Verhaltensformen, Denkweisen, Ressentiments, Konventionen. Dieses Lassen tut weh, denn es bedeutet Freiwerden, Sichlösen von Gewordenem, das nun einmal die Tendenz der Beharrung hat. So gesehen bedeutet Lassen Abbau des Ego. Das ICH muß den großen Tod sterben, um im SELBST von neuem, absichts-los und ich-los, wiedergeboren zu werden. Erst wer *Lassen* so versteht, der wird sich ins *Vertrauen* einschwingen können, in die Geborgenheit, in der das *Sein* das *Haben* durchdringt.

Sowenig also diese Arbeit in eine Art Weltflucht einmündet, sowenig auch in eine wiederum Ich-hafte, narzißtische Nabelschau. Das Lassen am ICH im Sinne von Abbau des Ego ist nicht nur Arbeit für das SELBST, sondern auch für das DU. Denn je mehr wir uns selbst wiederfinden, die Ganzheit unseres Wesens, unsere Wahre Natur, um so mehr erkennen wir auch die Ganzheit der Dinge und die der Menschen, um so leichter können wir uns ihnen zuwenden. Aus unserer Hinwendung nach innen erwächst uns die Hingabe an die Welt und die Menschen, mit denen uns dann ein tief-inneres Verständnis verbindet: *Ich* bin *Du*.

Mit diesem Eins-Sein in uns und dem Eins-Sein mit dem Du tauchen wir ein in den Grund unserer Seele, der nach Meister Ekkehart Gott ist. Hier in unserer Wahren Heimat gibt es keinen Widerstand und keine Trennung mehr, keine Entwurzelung und Heimatlosigkeit, keine Äußerlichkeit, keine Angst, keine Zeitlichkeit. Hier gibt es nur noch Annahme, Verwurzelung, Innerlichkeit, Geborgensein, Ewigkeit. Wann immer diese Arbeit in uns hin zu diesem Letzten beginnt, wann immer wir anfangen, dorthin zu reifen, ist nicht so sehr bedeutsam. Wichtig ist nur, daß wir tatsächlich auf den Weg kommen, und daß wir in dieser Weise an uns arbeiten.

»Das Herz aber erinnert sich nicht, wann es zu schlagen begonnen, es fühlt sich anfang- und endelos, und in den geistigsten, jugendlichsten Sekunden des Daseins, wenn uns die Lebenswoge so hoch erhebt, daß wir weiter schauen als sonst, ist aller Zeitentrug aufgehoben; einzig die ewige Seele lebt.«

(Hans Carossa)

Die Autorin dieses Buches gibt (entweder allein oder zusammen mit ihrem Mann, dem Psychologen Dr. Anton Stangl) Kurse nach den hier dargelegten Grundsätzen für Anfänger und für Fortgeschrittene. Genaueres ist zu erfragen: Dr. A. und M.-L. Stangl, D 6121 Rothenberg/Odenwald.

Anton Stangl/Marie-Luise Stangl

Das Entspannungs-Programm
Ein praktischer Wegweiser zu innerer Ruhe und neuer Lebenskraft
278 Seiten, Leinen

»Das Buch vermittelt neueste Erkenntnisse zum Thema Entspannung. Erstmals stellt es die Jahrtausende alte chinesisch-japanische Spannungslehre Yin-Yang in einer einfachen und jedem verständlichen Sprache vor. Der Leser kann durch dieses Buch seinen eigenen Standort in der Spannungsskala zwischen den beiden Extremen der Überspannung und der Auflösung der Persönlichkeit selber herausfinden.«
Arbeit und Sozialpolitik

»Ein praktischer Wegweiser für die richtig verstandene Entspannung. Ein klar geschriebener Ratgeber für den streßgeplagten Menschen, der an Hand der hier vorgestellten praxiserprobten Methoden lernen kann, sich in innerer Freiheit zu entspannen.«
Hamburger Abendblatt

»Der größte Nutzen dieses Buches besteht aber darin, daß es nicht bloß die gängigsten Entspannungstechniken vergleicht, sondern die noch relativ unbekannte Eutonie beschreibt. Eutonie, das könnte man mit ›die Spannung, die einem wohltut‹ übersetzen. Gemeint ist, daß man die für sich günstigste Spannung erreicht.«
Süddeutscher Rundfunk

ECON Verlag · Postfach 9229 · 4 Düsseldorf 1

Anton Stangl

Führen muß man können
Die psychologischen Probleme der Menschenführung
52 Seiten, Broschur

Das Buch der Verhandlungskunst
Psychologisch richtig verkaufen
376 Seiten, Leinen

Verkaufen muß man können
Eine praktische Psychologie für die tägliche Arbeit
48 Seiten, Broschur

Der erfolgreiche Vorgesetzte
Neue Erkenntnisse zur Führungs- und Arbeitstechnik
264 Seiten, Zeichnungen, Tabellen, Leinen

Anton Stangl/Marie-Luise Stangl

Dialektik am Verhandlungstisch
Praktische Beispiele für erfolgreiche Verhandlungstechnik
48 Seiten, Broschur

Verhandlungsstrategie
104 Taktiken, sich in Verhandlungen durchzusetzen
268 Seiten, Leinen

ECON-Ratgeber

Günther Beyer
So lernen Schüler leichter
Freude am Lernen durch Gedächtnis- und Konzentrationstraining
160 Seiten mit zahlreichen Abbildungen, Pappband

Günther Beyer
Gedächtnis- und Konzentrationstraining
Ein Lehrbuch zum Selbststudium und für fortschrittliche Schulen
160 Seiten mit zahlreichen Abbildungen, Pappband

Alfred Bierach
Schlank im Schlaf durch vertiefte Entspannung
Die SIS-Methode
148 Seiten mit zahlreichen Tabellen, Pappband

Alfred Bierach
Schluß mit Schlafstörungen
160 Seiten, Pappband

Ernest Dichter
Die zweite Karriere
Neue Wege zu einem erfüllten Berufsleben
160 Seiten, Pappband

Gisela Eberlein
Autogenes Training mit Märchen
Ein Ratgeber für Eltern und Kinder
116 Seiten, Pappband

Gisela Eberlein
Gesund durch Autogenes Training
128 Seiten, 6 Abbildungen, Pappband

Gisela Eberlein
Autogenes Training für Fortgeschrittene
110 Seiten, Pappband

Josef Ebner
Die Kunst Freunde zu gewinnen
Ein Kontaktfahrplan für jedermann
160 Seiten, Pappband

M. Chr. Grubert
Nicht verzagen, Oma fragen
Tricks, Kniffe und guter Rat aus Großmutters Erfahrungsschatz
200 Seiten, Pappband

Hans Mohl
7 Erfolgsprogramme für die Gesundheit
Mit Risikotabellen
168 Seiten mit zahlr. zweifarbigen Tabellen und Strichzeichnungen, Pappband

Dirk Peters
Vom Umgang mit Ärzten
Ein Ratgeber für Gesunde und Kranke
176 Seiten, Pappband

Heinz Ryborz
Entspannt durch Bewußtseinstraining
Eine neue Methode gegen Hast, Unruhe und Ärger
145 Seiten, Pappband

Siegfried Sterner
Die Kunst zu wandern
Wann, wie und womit Wandern zum sinnvollen Erlebnis wird
208 Seiten mit 14 Karten, Pappband

Wolf Ulrich
Schmerzfrei durch Akupressur und Akupunktur
Ein Ratgeber für die Selbstbehandlung
148 Seiten mit 12 Schwarz-Weiß-Abbildungen, Pappband

Wolf Ulrich
Zellulitis ist heilbar
Orangenhaut – Ein Ratgeber zur Vorbeugung und Selbstbehandlung
132 Seiten, 51 Abbildungen, Pappband

Kareen Zebroff
Yoga für jeden
144 Seiten mit 135 Abbildungen, Broschur

Kareen Zebroff
Yoga für Mütter und Kinder
128 Seiten mit 140 Fotos, Broschur

Kareen Zebroff
Schön, schlank und fit mit Kareen Zebroff
Das 14-Tage-Yoga- und -Diätprogramm
176 Seiten, 126 Fotos, Broschur

18,—